공직의 문

공직의 문

조환익 지음

합격 전후
미리 보는
슬기로운
공직생활

매일경제신문사

들어가며

이 책을 쓰지 않으면 두고두고 후회할 것 같아서 저술을 시작했습니다. 공공 부문의 공직에 대해 많은 사람들이 갖고 있는 선입관이나 편견 또는 일반화에 대해 누군가는 말을 해야 되고 '그 누군가는 나여야 한다'는 사명감 내지 강박증 같은 것이 있었습니다.

'왜 나인가?' 하는 스스로의 질문에 '한 번도 선출직 공직자가 된 적 없으면서 40여 년을 공직에서 일한 사람이 또 있을까? 그것도 국가 공무원, 공공기관, 공기업 등 3개 부문을 다 거치면서…'라는 답을 하면서 빠져나갈 구실을 스스로 봉쇄했습니다.

착각이나 오만일 수도 있지만 나만이 갖고 있다고 생각하는 것을 공직에 입문하고 싶은 청년들이나, 공직에 있는 미생들과 공유하고 싶었습니다. 그리고 여러 해 지난 후 공공 부문을 졸업하는, 또 나같이 약간 과대망상에 빠진 어떤 후배가 "조환익 때와는 공공 부문이 이렇게 달라졌다"라는 내용의 속편을 기대하는 마음도 있습니다.

공공 부문의 일자리가 250만 개 정도라 합니다. 일자리가 늘어나고 역할도 바뀌고 있습니다. 다른 나라도 비슷하겠지만 특히 우리나라는 건국 초기에 공공 부문이 주도하는 경제체제였던 적도 있지만, 그 후에는 민간 부문과 시장이 국가 경제의 성장을 이끌어왔습니다. 그러나 이제는 민간 부문과 공공 부문이 힘을 합쳐 급성장 과정에서 생긴 불균형과 갈등을 풀어야 할 때입니다. 특히 '코로나19' 이후 세상은 상상도 못할 만큼 달라지고 있습니다. 그리고 이렇게 바뀌고 있는 세상은 거의 한 세대를 갈 것이라고 대부분의 사람들이 보고 있습니다.

새로운 세상은 '디지털화', '탈탄소화', '분산화', 즉 'Digitization', 'Decarbonization', 'Decentralization'의 3D가 시대적 키워드가 될 것입니다. 디지털화는 민간의 창의성이 동력이 되어야 합니다. 반면 탈탄소화와 탈집중화, 즉 분산화는 공공 부문이 선도적 역할을 하고 민간이 참여해서 풀어야 할 주제입니다. 그러니 당연히 일자리가 상대적으로 더 늘어나고 청년들의 선호도를 반영하는 취업경쟁률도 공공 부문에서 높아지고 있는 것입니다. 실제로 지난 3년간 공무원 수는 8%, 공기업, 공공기관 직원 수는 27% 이상 늘었다는 통계도 있습니다.

이 책에 이러한 공직 사회에 관한 모든 이야기가 들어 있습니다. 3년을 구상했기에 집필은 속도를 내주었고 경험과 현장 위주의 이야기들이 쏟아졌습니다. 공직 취업 준비라는 출발지로 시작된 공직 경로의 내비게이션은 공직 사회의 적응과 생존 그리고 성공을 거쳐 하산이라는 도착지로 경로 안내를 할 것입니다. 경제난으로 민간 부문이 채용을 줄

이거나 늦추고 공직의 문이 넓혀진 이 시점에 더욱 의미가 있을 것 같습니다.

제일 어려웠던 부분은 역시 '공공 부문의 범위'에 대한 설정이었습니다. 국가 공무원, 지방 공무원 등 공무원에 대해서는 잘 알겠지만 공공기관과 공기업을 어떻게 구분해야 하는지 생각해본 적 없는 독자들이 대부분일 것입니다. 혹자는 돈을 버는 기관이냐, 돈을 쓰는 기관이냐가 기준이라는데 그 또한 명확하지 않습니다. 또 각 부문은 공통점도 있지만 조직의 특성상 뚜렷한 차이도 있습니다. 이런 얘기들을 한 그릇에 담으면서도 다양한 단면들을 보여주고 싶었습니다. 다소 미흡한 면이 있더라도 널리 이해해주기 바랍니다.

몇몇 인기 부처 공무원이나 인기 공기업 직원이 되는 것은 삼성이나 네이버 직원이 되는 것 이상으로 젊은 사람들의 로망입니다. 물론 이런 점만 강조해 공공 부문이 과대 포장돼 평가받는 면도 있고, '복지부동', '보신주의', '스테레오타입' 등과 같은 표현으로 낙인찍는 일도 있습니다. 지나친 저평가, 왜곡, 과장된 시각이 만만치 않습니다. 공직인들의 인내, 절제, 헌신, 희생에 관한 목소리는 늘 갇혀 있습니다. 나는 이 책에서 이런 이야기들도 하고자 합니다.

제가 산업자원부, 무역보험공사, KOTRA, 한국전력공사 등 정부기관과 공기업의 최고책임자로 지내면서 몇 번의 성공 신화를 만들었다며 '공공의 달인'이라 치켜세워주는 사람들도 있습니다. 그러나 일곱 번 사표를 쓰고 그중 네 번이 수리된 굴곡의 삶을 보냈다는 사실은 잘 알려져 있지 않습니다. 자부심 속 공직의 길은 첩첩산중 가시밭일 때가 많았습니다. 더러는 지나친 의욕으로 뼈아픈 시행착오를 맛볼 때도 있었습니다.

자서전식으로 자기 성과나 나열하고 자기 삶을 미화해 책 한 권 남겨보자고 이 책을 쓴 것은 아닙니다. 국가 공무원, 공기업, 공공기관의 3개 장르를 다 거치면서 쌓은 경험을, 공직을 지망하는 취업 준비생이나, 공직에 입문해 적응하고 있는 미생들과 나누고, 그들에게 공공 부문에 대한 오해와 진실도 말해주고 싶었습니다. 공직을 제대로 알고 타기팅할 수 있도록 도와주고 싶었습니다.

공인의 삶과 취업 준비에 대해, 결정적 허들인 면접 과정과 입사 후 잘 적응하는 방법에 대해, 독자들의 눈높이와 주파수에 맞춰 가급적 현장 사례를 들어 설명했습니다. 한 판 시합에 들어갔으면 롱슛 한번 멋지게 날려보라고 응원하면서 인생 설계에 관한 조언도 아끼지 않았습니다. 그리고 마지막으로 성공의 길과 공직 이후의 삶에 대해서도 '유시유종有始有終'의 차원에서 몇 마디 덧붙였습니다.

제 이야기만 장황하게 늘어놓으면 주관적 관측으로 보일 수도 있어 평생 가까이 지내면서 늘 내게 또는 내가 속해 있던 공공 집단에 쓴소리를 해주던 '공공기관사회책임연구원' 이종재 대표를 이 책에 초대해 논쟁도 벌였습니다. 〈한국일보〉, 〈서울경제〉, 〈동아일보〉, <머니투데이> 등에서 경제기사를 써왔고, 〈한국일보〉 편집국장으로 필명을 날렸으며, <이투데이> 사장으로 언론사 경영 경험도 있는, 늘 열정적인 언론인입니다.

저는 지금까지 제법 팔린 3권의 책을 저술하였습니다. 우리 경제, 통상, 에너지에 관한 책이었습니다. 여기에 실린 공직의 역할도 이 책에 많이 녹아들어 있습니다.

한국의 주된 일자리는 아무래도 민간기업 부문에서 많이 생겨야 합니다. 그리고 공공 부문 일자리는 어떤 경제 상황에도 국가 경제와 사회의 안전판 역할을 해야 합니다. 또 그 일터는 활력이 있어야 하고 그 종사자들은 자부심을 가져야 합니다. 그런 의미에서 이 책이 가급적 많이 읽히고 공감되어지길 바랍니다. 지금부터 이야기 들어갑니다.

CONTENTS

PART 2
공직의 길을 걷다

PART 3
공직의 문을 닫다

PART **1**

공직의
문을 열다

공직 취업문 왜 몰리나

　최근 인천국제공항공사인국공의 비정규직 1,900여 명이 일시에 정규직으로 전환된 일로 논란이 뜨겁습니다. 국민 청원이 뜨고, 청년 취업 문제의 형평성이 논란이 되어 노사 문제와 정치 이슈로까지 점화되었습니다. 때마침 CEO의 거취 문제까지 거론되고 있습니다. 만일 삼성의 대표적 민간기업 중 하나가 비정규직 직원을 대거 정규직화했다면 취준생들이 이와 같이 허탈감과 분노를 느꼈을까요? 불만이야 있었겠지만, 그 '민간기업의 특별한 상황'으로 받아들이고, 이런 감정이 훨씬 덜했을 것입니다. 인국공은 공기업 중에서도 특별히 인기도가 높습니다. 세계로 나가고 들어오는 관문을 관리하면서, 젊은 세대의 로망, 첨단 그리고 글로벌이 깃들어 있는 꿈의 직장이란 점도 있지만, 근본 원인

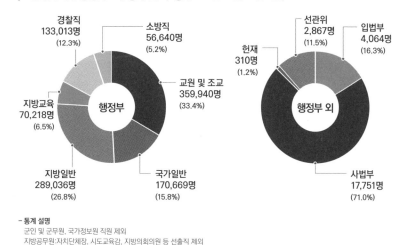

┃ 행정부 및 행정부 외 공무원 구성 (2019년 12월 31일 기준)

행정부

- 경찰직 133,013명 (12.3%)
- 소방직 56,640명 (5.2%)
- 교원 및 조교 359,940명 (33.4%)
- 지방교육 70,218명 (6.5%)
- 지방일반 289,036명 (26.8%)
- 국가일반 170,669명 (15.8%)

행정부 외

- 선관위 2,867명 (11.5%)
- 입법부 4,064명 (16.3%)
- 헌재 310명 (1.2%)
- 사법부 17,751명 (71.0%)

– 통계 설명
군인 및 군무원, 국가정보원 직원 제외
지방공무원:자치단체장, 시도교육감, 지방의회의원 등 선출직 제외

출처: 정부조직관리정보시스템

은 인국공이 공기업이라는 데 있습니다.

아마 민간 대기업에서 나와, 한국전력공사한전나 인국공같이 인기 있는 공기업으로 갈 기회가 있다면 대부분 월급이 좀 줄어들더라도 많이들 이직하려 할 것입니다. 그러나 반대로 공기업에서 민간기업으로 전직하라고 하면 아마 쉽게 결정이 안 될 것입니다. 그 이유는 근본적으로 직업의 안정성 때문이고, 또 명예와 자부심도 크게 작용할 것입니다. 어떤 경우에는 다소의 권력에 대한 막연한 기대감도 이유가 될 것입니다. 정부나 지방자치단체의 공무원이 되고자 재수, 삼수를 하면서 고시

촌에서 숙식을 하며 시험 준비를 하는 사람들한테는 소위 '관'이란 감투의 무게도 의미가 클 것입니다. 공공의 직업은 '국민이 만든 일자리'로 누구나 접근이 가능해야 하고, 또 그래서 공정하게 기회가 주어져야 한다는 사회적 인식이 있습니다. 따라서 공조직 입문에 관해 밀레니얼 세대나 제트 세대는 극히 민감해합니다.

통계청이 발표한 2020년 7월 기준 청년 미취업자는 166만 명이고, 그 시점에서 취업 준비자는 약 절반 정도인 80만 명 수준이라고 합니다. 이들 중 민간기업체, 전문직 희망자 대비 공무원, 공기업 공공 부문 희망자는 거의 50대 50입니다.

그런데 중앙 정부와 지방 정부에 근무하는 공무원 및 공기업과 공공 기관에서 근무하는 인원까지 합치면 약 150만 명 정도입니다. 매년 퇴직과 이직, 또 신규 확장으로 생기는 공공 부문에 채용되는 일자리는 이 중 11~12% 정도인 30만 명 미만입니다. 그러나 직업군인, 선출직, 지방 공공기업 및 투자기관까지 합치면 250만 명에 육박한다고 합니다. 특히 현 정부는 공공 부문의 정규직 일자리를 늘리려고 노력하고 있습니다. 그중 특히 청년들이 취업을 원하는 '인국공'이나 '한전'같이 꿈의 직장이라는 공기업에서 매년 나오는 일자리는 30만 명의 12~13% 정도인 4만 명 미만입니다. 공기업이나 공공 부문은 경제가 어렵거나 특히 최근 코로나19 같은 국가 위기 상황으로 민간기업의 취업문이 얼어

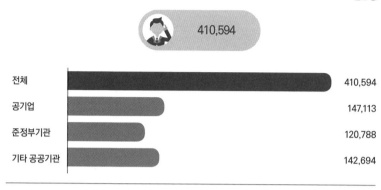

│ 우리나라 공공기관 임직원 정원 (2019년 12월 말 기준)

(단위: 명)

410,594

전체	410,594
공기업	147,113
준정부기관	120,788
기타 공공기관	142,694

출처: ALIO

붙을 때 오히려 취업문을 더 넓혀줘 고용의 안전판 역할을 해줍니다. 그러니 청년들이 '취업 보리가뭄'에 공공 부문에 대한 관심이 더욱 커질 수밖에 없고, 공공의 문은 소중한 것이 됩니다. 여러 군데 중복 지원을 감안하면 공공 부문, 특히 공기업의 취업경쟁률은 100 대 1이 훌쩍 넘습니다. 거기에다 지역 특채, 장애인 할당, 보훈 특채 등 정책적 배려가 담긴 채용을 감안하면 실제 경쟁률은 그보다도 훨씬 높을 것입니다. 그래서 공공 부문의 채용 비리는 늘 큰 사회적 파장을 일으키고 법으로도 불관용 원칙에서 엄히 다스리는 것입니다.

20·30세대는 어쩌면 처음으로, 지금보다 미래가 더 살기 힘들 수도 있을 것이라는 예상을 등에 짊어진 불운한 세대입니다. 우리나라 인구

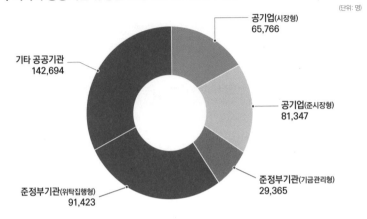

우리나라 공공기관 유형별 현황 (2019년 12월 말 기준)

(단위: 명)

공기업(시장형)
65,766

기타 공공기관
142,694

공기업(준시장형)
81,347

준정부기관(기금관리형)
29,365

준정부기관(위탁집행형)
91,423

출처: ALIO

구조는 이제 파리미드형은 물론 아니고 항아리형도 지나서 역삼각형이 되었습니다. 2020년 출산율은 사상 처음으로 0.8명 수준입니다. 20·30 세대에게 미래는 불안하기 짝이 없는 세상입니다. 현재 사회의 주류를 이루고 있는 계층의 기대 수명은 83세라고 합니다. 그들은 사회와 경제 각 부문을 장악하고 있으며, 고령화 추세로 점차 퇴장이 늦어지고 있습니다. 이들 386·586 기득권 세대로 인해 20·30세대는 취업 기회, 승진, 고용 안정과 직장에서의 성공 면에서도 불이익을 감수할 수밖에 없습니다. 또한 국민연금, 의료보험 등 복지 수준 면에서도 더 내고 혜택을 덜 받는 구조로 갈 우려가 있습니다. 특히 국민연금은 현재 구조에서 획

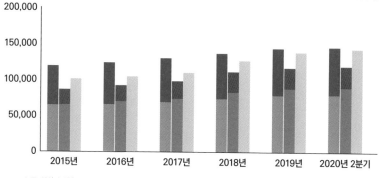

(단위: 명)

출처: ALIO

기적이고 과감한 개혁이 없다면 기금이 소멸되지 않을까 걱정도 합니다. 또 정책이 백약무효인, 천정부지로 치솟는 부동산 시대에 부부 둘이 벌어도 집 살 계획을 포기해야 하는 상황입니다. 그래서 연애, 결혼, 출산을 포기하는 3포 세대에서 부동산, 꿈까지 포기하는 5포 세대, 7포 세대라는 용어까지 나옵니다.

이와 같이 미래가 매우 불안한 세대에 대해 정부가 그려내는 평등과 기회가 보장되는 선진 복지 국가는 희망고문일 뿐일 수 있습니다. 그래서 그들에게는 미래보다는 현재가 몇 배 더 소중하고, 지금은 찬란하지만 앞으로 어떤 위험성이 있을지 모르는 IT 벤처 기업에 선뜻 자기 인생을 걸려고 하지도 않습니다.

그들은 하급직 공무원이라도 고용이 안정되는 직장을 원하고, 경제적 여유가 생기면 마이너스 금리 상태에서 저축을 하는 것보다 영혼까지 끌어서영끌 주식 동학개미가 되기를 원하고 로또도 열심히 삽니다. 국가 전체로 볼 때 창의력이 존중되고 역동성 있는 민간기업 분야에 우수한 인재가 더 많아야 하는 게 바람직할지 몰라도, 20·30세대는 이와 같은 이유로 '공직의 문'에 눈길이 더 가는 것입니다.

20·30세대가 인정하는 공공 부문의 매력 포인트 중 하나는 채용의 투명성입니다. 과거에 사회가 투명하지 않을 때 청년들이 사회에 진출해 성공하려면 '줄과 끈'이 있어야 한다고 생각하는 사람들이 많았는데, 그들에게 그래도 공공 부문은 '개천에서도 용 날 수 있다'고 기대할 수 있는 유일한 기회였습니다. 지금도 20·30세대는 인생의 결정적인 상황에서 '아빠 찬스'나 '아빠 친구 찬스'가 가장 강력한 무기가 될 수 있다고 생각합니다. 그런 면에서 공공 부문은 똑똑하고 열심히만 하면 진입과 성공의 공정성이 어느 정도 보장된다고 생각하기 때문에 취업문 경쟁은 치열해질 수밖에 없습니다.

여기에 공공 부문에 대한 잘못된 인식, 오해, 선입관 등도 진입 장벽을 높이고 있습니다. 그중 가장 큰 벽은 소위 '철밥통' 인식입니다. 공공 부문은 들어가기가 어렵지 일단 들어가면 무사안일해도 밥 그릇 수만 채우면 승진이 저절로 되고 평생이 보장된다고 생각하는 것입니다. 공무원은 법적으로 신분 보장이 되고, 공공기관이나 공기업 종사자들도 큰 징계를 받지 않는다면 평생직장이 된다는 인식입니다.

그러나 이것은 사실과 좀 다릅니다. 공무를 수행하기에 부적절할 정도로 흠이나 비리가 있을 경우 자리를 유지할 수 없는 것은 당연하고, '공직의 문'은 오히려 '지옥의 문'이 될 수도 있습니다. 무사안일로 인한 저실적, 저평가로 경쟁에서 연이어 탈락할 경우에도 사실상 자리를 지키기 힘듭니다. 입사 동기들 간에 진급 등 성공에서의 속도가 다소 차이가 있고, 동기나 후배 밑에서 근무하는 것도 잠시는 가능하지만 그러한 상황이 길어지거나 계급 차이가 너무 날 경우에는 스스로 옷을 벗을 수밖에 없습니다. 또 공공 부문 종사자들에 대해서는 일반인보다 몇 배 강한 특별한 윤리적 잣대를 적용합니다. 사회 통념상 용인되는 관행도 비리로 간주될 수 있고, 심지어는 매우 무거운 형사적 처벌까지 받을 수도 있습니다. 아주 가까운 지인의 '단순한 문의'에 대해 친절한 답변을 해줘도 그 사안이 특혜를 준 것이라 판단되면 당사자는 위법을 범한 공직자가 되는 것입니다. 그래서 연간 공공 부문의 중도 퇴직자는 자발적, 비자발적 동기를 합쳐 10만 명 정도 되는 것으로 추정됩니다.

또 다른 오해는 공공 부문 종사자들은 대체로 늘 갑의 위치에서 지낼 수 있다는 것입니다. 이는 공무원이나 공공기관, 공기업을 막론하고 공공 부문 종사자들이 규제와 허가권 및 국가의 돈을 가지고 군림할 수 있다는 인식 때문일 것입니다. 더러는 이러한 권한으로 부를 축적하고 노후 보장도 할 수 있다고 계산하는 사람들도 있을 것입니다. 그러나 요즘 직무를 이용해 그런 발상을 하는 사람은 극히 위험합니다. 그래서 그런 흑심을 갖고 있는 사람은 아주 적지만, 어딜 가나 대접받길 원하는 공직자들은 여전히 적지 않을 것입니다. 위험천만한 생각입니다. 공공 부문에서의 삶을 직업으로 선택한 사람은 절대로 사심이 없어야 합니다. 그래야 평생직장이 될 수 있습니다. 또 당당한 공인의 삶을 살 수 있습니다.

기업에는 소위 오너라고 하는 주인이 있습니다. 민간기업에서는 오너 눈 밖에 나면 사실상 직장을 그만둘 수밖에 없고, 또 오너 비위만 맞추면 만사형통이라는 견해가 있습니다. 전혀 틀린 이야기는 아닐 것입니다. 기업의 부도덕성을 의도적으로 강조해 기업인들의 이미지를 왜곡하는 드라마로 실제 이상으로 과장된 면도 있을 것입니다. 반면 공공 부문은 오너가 없기 때문에 그때그때 정권에 충성하고 영혼을 적당히 팔면 무난히 지낼 수 있고, 오히려 소신을 갖고 일하면 정권 변동 과정에서 불이익, 더 나아가 패가망신까지 당할 수 있다는 '위험한 인식의 오류'도 있습니다. 이런 생각으로 공공 부문에서 일하고자 하는 사람들은 공공 부문을 정말 과소평가하는 사람들입니다. 결국은 시류에 휩쓸

리다가 오히려 큰 불행을 당하는 경우를 수도 없이 봐왔습니다.

그렇지만 이와 같은 잘못된 인식을 근거로 우리의 청년 세대가 공공 부문을 선호하는 비중은 높지 않을 것입니다. 그들이 공공의 문을 두드리는 가장 큰 동기는 '사회적 가치'일 것입니다. 즉 '공인 의식'입니다. 사회가 다원화, 양극화되면서 공공 부문의 '조화와 조정'이라는 새로운 역할의 의미가 커진 것입니다. 특히 언제 끝날지 모르는 코로나19 시대에 공공 부문은 최일선에서 '방어와 수습'의 전투도 치러야 합니다. 나는 더 많은 유능한 인재가 대기업, 중소기업 등 민간 부문에서 일하고, 이들이 코로나19를 계기로 완전히 달라질 새로운 세상에서 창의력으로 무장해 산업과 시장에 활력을 불어넣기를 바랍니다. 그렇지만 역시 균형되게 많은 유능한 인력들이 공공 부문에서도 일하기를 바랍니다.

요즘 민간기업에서도 과거의 '수익 위주 경영'보다는 'ESG Environment, Social, Governance 경영', 즉 환경과 사회적 책임, 지배 구조를 중시하는 경영이 오히려 지속가능한 경영으로 평가되어 이 부문에 투자가 몰리고 있습니다. 이는 지금까지 공공 부문에서의 윤리관이었습니다. 이러한 메가트렌드 속에서 큰 뜻을 갖고 시장 실패를 보정하고, 공공의 선을 지키며 정의롭고 아름다운 삶을 살아가는 공공 부문 종사자들에게도 큰 의미를 두고 싶습니다.

공공 부문, 그 오해와 진실

공공 부문 직업은 크게 공무원, 공기업, 공공기관단체으로 나눌 수 있습니다. 공무원은 선출 또는 임명에 의해 중앙 정부와 지방 정부에 근무하는 사람들을 말합니다. 그 인원은 약 110만 명 정도 되고, 국가직 공무원 대 지방 공무원 비율은 대략 6 대 4 정도 됩니다.

공기업은 공공기관과의 구분이 명확하진 않으나, 기업 형태로 운영되며 원칙적으로 스스로 수입을 만들어 운영하는 조직입니다. 대체로 명칭에 '한국전력공사', '인천국제공항공사'와 같이 '공사'라는 용어가 들어가 있는 경우가 많고, 이 부문 종사자는 약 15만 명입니다. 이 중 처우가 민간기업에 못지않은 금융 공기업 종사자는 1만 명가량 됩니다. 한은, 산은, 수은 등이 그 대상이고, 이들 기관의 채용은 같은 날 이루어진다 하여 'A 매치'라고도 합니다. 그래서인지 금융 공기업의 퇴·이직률은 매우 낮아 5% 미만입니다.

공공기관은 기관의 재정을 거의 대부분 국가 또는 지방 재정에 의존하고, 공무원에 준할 정도로 엄격한 통제를 받습니다. '한국인터넷진흥원'이나 '한국원자력연구원'과 같이 끝에 '원'이란 용어가 달리는 경우가 많고, 공기업보다는 더 엄격한 정부 통제를 받는 조직입니다. 약 25만 명이 종사하고 있습니다. 따라서 공공 부문에 종사하는 인원은 총 150만 명 정도로 우리나라 총 고용 인원의 10% 수준이고, 최근 그 비중이 늘어나는 추세입니다. 이 숫자는 직업 군인이나 군무원 등 군 관련 공직자들은 포함되지 않은 수치입니다.

세상에 이름을 알리는 출세의 지름길?

공공 부문에 취업한 사람들을 보면, 어쩌다 지원해 취직을 한 사람들도 꽤 있지만, 대다수는 사회 진출할 때 공공 부문의 문을 우선적으로 두드린 사람들입니다. 그들은 공공성이나 사회적 성취욕이 남보다 큰 경우가 많습니다. 속된 말로 출세욕이나 성취욕이 강한 사람들이고 돈보다는 명예를 좇는 경향이 높습니다.

그런 사람들에게 공공 부문은 출세의 지름길일까요? 그러나 이제 공공 부문이 사회적 성공을 독점하던 시대는 지났습니다. 명예와 부와 권력을 동시에 다 갖출 수 있는 '엄친아'들은 오히려 전문성을 살릴 수 있는 프로페셔널한 직업을 많이 갖는 것 같습니다. 특히 디지털 전환 시대에 인공지능AI이나 빅 데이터, 클라우드 부문 전문가들은 명성을 날리며 천문학적 소득까지 올리고 있습니다. 또 여기저기에서 간곡히 모셔 가려는 경우가 많습니다.

정부나 공공 부문에서도 특별한 조건으로 채용하는 경우가 점차 늘어나고 있습니다. 공무원이나 공기업 분야에서 일반 행정 사무직보다 기술적 경력과 전문성이 있는 사람에게 성공 기회가 많아지는 것도 같은 이치입니다. 공공 부문 고위직에도 점차 이공계 출신 비중이 높아지고 있습니다. 그러나 아직도 공공 부문의 최고위직은 내부에서 단계를 밟아온 사람보다 정치권이나 대학 교수, 또는 산업계에서 경력을 쌓아온 사람이 차지하는 경우가 많습니다. 최근에는 시민단체에서 활동한 사람들도 많습니다. NGO를 New Government Official이라고 풀이도 한답니다.

그래도 아직은 기관장급의 반 이상은 내부에서 올라온 사람들입니다. 철저한 실적주의를 지향하는 민간기업에서는 큰 성과를 낸 사람들이 벼락출세한 경우가 많지만, 공공 부문에서 몇 단계를 뛰어 성공한 케이스는 아직 극소수입니다. 그래서 공공 부문에 들어와 평생을 성실하게 일하며 경력을 쌓아온 사람들이라면, 처음에 들어올 때 기대했던 성공의 기대치를 반 이상은 충족시킬 수 있다는 말은 대체로 맞는 이야기입니다.

최근 공공 부문에서는 책임과 의무가 따르고 정치 바람을 맞을 수도 있는 임원급 이상까지 올라 빨리 퇴진하는 '조진조퇴早進早退'보다는 중간급 간부로 오래오래 머물러 있기를 원하는 새로운 트렌드가 형성되고 있습니다. 특히 일정 수준 이상의 고위 공직자들은 공직자 윤리법에 따라 퇴직 후 3년간 업무 유관 회사 취업이 엄격히 금지되어 있고, 예외적으로 취업하더라도 철저한 '취업 심사'를 받아야 재취업이 가능합니다. 그래서 임원급 진급을 기피하는 경향이 공기업 분야에서 퍼지고 있는 기현상도 있습니다. 또는 노조에 자원해서 계급장은 없지만 목소리라도 크게 내며 살 수 있는 쪽을 택하기도 합니다.

먹고살 걱정 없는 평생 철밥통?

다음은 고용 안정성에 관한 오해와 진실입니다. 철밥통? 이 역시 반쯤은 맞는 말입니다. 공무원이 안정된 상황에서 성실하게 일할 수 있도록 정치적 중립성과 신분을 헌법 7조에 의해 보장하고 있습니다. 공기업이나 공공기관 종사자들도 공무원에 준해서 신분 보장을 받고 있습니다. 그래서 위법이나 치명적 과오가 없으면 소위 '잘리지'는 않습니다. 성과를 못 낼 경우, 또는 조직에 불이익을 끼쳤을 때도 인사상 불이익을 받더라도 얼굴이 무척 두꺼우면 한구석에서 버틸 수 있고 재기를 노릴 수도 있긴 합니다만….

그래도 사실 공공 부문 종사자들은 일반 민간 부문과 비교가 안 될 정도로 매우 엄격한 윤리적 잣대의 통제를 받습니다. 일과 삶의 모든 구석구석에 CCTV가 달려 있다고 생각하면 됩니다. 일상 감사, 각종 직무 감사, 특별 감사, 정기 감사 등 자체 감사와 감사원 등 외부 감사에 겹겹이 둘러싸여 현미경식 감시와 관찰과 평가를 받습니다. 또 언론이나 시민단체도 매의 눈으로 공공 부문 종사자의 일과 삶을 늘 감시하고 있습니다. 소위 '네티즌 감시대', '휘슬 블로어Whistle Blower'의 공격 대상도 주로 공공 부문입니다. 그래서 의욕적으로 아이디어를 내고 실패 가능성을 안고 일을 추진하다 예산을 낭비하거나 사고를 칠 경우 문책당할 수도 있음을 염려하게 됩니다.

이런 이유로 새로운 일을 전혀 벌이지 않는 무사안일, 복지부동 등 보신주의가 공공 부문에 자리 잡고 있음을 부정할 수 없습니다. 특히 정권 말기에는 다음 정부에서 완전히 달라진 시각으로 조사와 감사를 받다 형사처벌까지 받는 경우가 비일비재했기에, 웬만하면 새로운 일을 벌이지 않는 관행도 있습니다. 지시가 없으면 일도 없습니다.

그렇다고 무사안일, 복지부동이 안전한 대피처가 될 수도 없는 것이 현실입니다. 해야 될 일을 하지 않는 것에 대한 감사도 매섭습니다. 특히, 새 정부가 어느 정도 자리 잡고, 의욕적으로 공약 사항들을 힘 있게 풀어나갈 때 이러한 보신주의에 대해 철퇴가 내려지곤 합니다. 예를 들면, MB 정부 초기에 사회 각 부문에 막혀 있는 '전봇대 뽑기 시책'이 펼쳐진 적이 있었습니다. 산업단지 내 교통에 지장을 주는 전신주가 그간 많은 민원이 있었는데도 제거되지 않은 것을 무사안일 행정의 표본 사례로 들어, 경제 각 부문의 민원과 규제를 일소하자는 뜻이었습니다. 그러나 알고 보면 그 전신주는 구조적으로 지중화가 될 수 없었기 때문에 불편함을 알면서도 산업단지의 전력 공급을 위해 서 있었던 것이지 민원을 외면한 게 아닌 것으로 밝혀졌습니다. 이와 관련해서 공무원이나 공기업 직원이 처벌을 받았는지는 모르겠지만, 불려 다니면서 엄청난 곤욕을 치렀음은 쉽게 짐작이 됩니다. 이처럼 공공 부문의 책임은 무한 책임입니다. '직무유기'란 죄는 공공 부문에만 있는 죄목이기도 합니다.

심지어 도의적 책임이라는 것도 있습니다. 2019년도에 발생했던 강원도 산불도 역대급 강풍이 발화 원인이었지만, 산불 피해가 커지니 속죄양이 필요했습니다. 결국 한전 직원의 전신주 시설 관리와 점검이 물 샐틈없는 최고 수준으로 치밀했는지에 대해 수사가 몇 개월 동안 진행된 바 있습니다. 담당자는 처벌을 받았는지 모르겠지만 감사와 수사 과정에서 큰 곤욕을 치렀습니다.

이러한 사고가 없다 해도 정부 부처나 공공기관에 기관 운영이나 직원 동향, 간부 비리 등을 점검하기 위해 경찰 등 정보기관에서 파견된 정보수집관이 늘 들락날락하고 있다는 사실을 아는 국민은 많지 않을 것입니다. 만일 이런 일이 민간기업에서 이뤄진다면 이는 언론의 톱 뉴스감이 됐을 것입니다. 민원인들 만날 때도 철저히 규칙을 지켜야 하고, 외부인들과의 식사 자리도 가급적 피하는 게 마음이 편할 정도입니다. 특히 퇴직한 OB 선배들의 청탁 조심은 불문율 1호입니다. 운이 나쁘면 별것 아닌 일로도 크게 다치기 때문입니다.

승진에서 몇 번 탈락한다든지 또는 성과 부진으로 인사상 한직으로 계속 밀려나갈 경우 버티는 건 한계가 있습니다. 결국 사표를 쓸 수밖에 없습니다. 정부가 바뀔 때마다 적폐청산 차원에서 또 우수수…. 공공 부문에서의 자발적 이직률은 높지 않지만 퇴출 비율로 따지면 민간 대기업보다 높을 것입니다. 그래서 공공 부문도 노조가 점차 강성이 되어 가고 있고, 때로는 노조위원장의 영향력이 기관장보다 더 강할 때도 있습니다. 따라서 공공 부문의 고용 안정성에 대한 표현은 철밥통이라기보다는 조심해서 다루지 않으면 깨질 수 있는 '유리밥통'이라고 해야 할까요.

어쩔 수 없는 박봉에 시달린다?

월급이 민간기업에 비해 많이 적다는 일반적 인식도 있습니다. 결론적으로 말하면, 민간 대기업에 비해 월급이 좀 적은 것은 사실입니다. 하지만 이는 공공 부문을 선택하는 데 큰 변수가 될 수는 없을 것입니다.

2019년도 공기업 신입사원 초임 연봉을 사례로 들면, 인천국제공항공사 4,500만 원, 한국마사회 4,300만 원 등 4,000만 원 이상의 연봉을 받는 공기업이 12곳입니다. 이 중에는 에너지 공기업들이 다수 포함되어 있습니다. 3,000만 원에서 4,000만 원 선의 연봉을 주는 곳은 한국수자원공사 등 22곳입니다. 이 정도 수준이면 민간 대기업 신입사원 봉급보다 약간 적지만 중소기업보다는 좀 높은 편일 것 같습니다. 문제는 신입사원 때는 민간기업에 비해 공기업 봉급 수준이 크게 적지 않지만 시간이 갈수록 격차가 난다는 것입니다. 임원 때쯤 되면 3~4배 이상 차이가 나는 것도 사실인 것 같습니다.

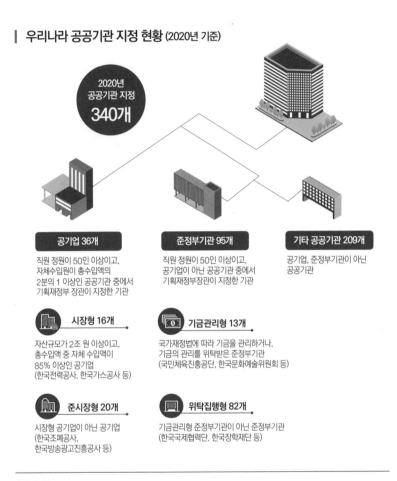

| 우리나라 공공기관 지정 현황 (2020년 기준)

2020년 공공기관 지정 340개

공기업 36개
직원 정원이 50인 이상이고, 자체수입원이 총수입액의 2분의 1 이상인 공공기관 중에서 기획재정부 장관이 지정한 기관

준정부기관 95개
직원 정원이 50인 이상이고, 공기업이 아닌 공공기관 중에서 기획재정부장관이 지정한 기관

기타 공공기관 209개
공기업, 준정부기관이 아닌 공공기관

시장형 16개
자산규모가 2조 원 이상이고, 총수입액 중 자체 수입액이 85% 이상인 공기업
(한국전력공사, 한국가스공사 등)

기금관리형 13개
국가재정법에 따라 기금을 관리하거나, 기금의 관리를 위탁받은 준정부기관
(국민체육진흥공단, 한국문화예술위원회 등)

준시장형 20개
시장형 공기업이 아닌 공기업
(한국조폐공사, 한국방송광고진흥공사 등)

위탁집행형 82개
기금관리형 준정부기관이 아닌 준정부기관
(한국국제협력단, 한국장학재단 등)

출처: ALIO

그렇지만 민간기업은 그만큼 단기적으로 실적을 올려야 한다는 책임과 스트레스도 커질 것입니다. 최근 디지털 테크 기업 경영진들의 연봉은 천문학적 숫자이고, 스톡 옵션도 상상을 초월하지만 여기에 비교할

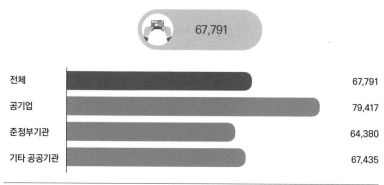

│ 우리나라 공공기관 직원 평균 보수 (2019년 12월 말 기준)

(단위: 천 원)

67,791

전체	67,791
공기업	79,417
준정부기관	64,380
기타 공공기관	67,435

출처: ALIO

것은 아닙니다. 그 돈 다 받아 어디다 쓰는지 모르겠지만 내게는 숫자일 따름입니다. 공무원보다는 공공기관이 조금 더 많고, 기업형으로 운영되는 공기업이 그보다 더 많습니다. 특히 금융 공기업들은 웬만한 민간기업에 비해 적다고 할 수 없습니다. 그간 공공 부문 종사자들에 대한 처우 개선은 꾸준히 진행돼왔고, 공공기관이나 공기업에는 경영평가에 따른 성과급 제도도 있습니다. 그래서 매년 한 번씩 전 공공기관을 대상으로 시행하는 경영평가 때문에 만만치 않은 스트레스를 받기도 합니다.

정부에서 한국관광공사 사장으로 발탁한 귀화 한국인이 언젠가 내게 이런 말을 한 적이 있었습니다.

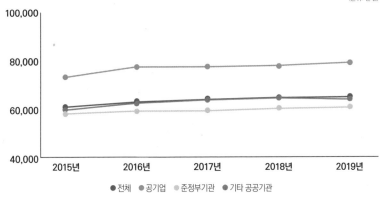

| 우리나라 공공기관 직원 연도별 평균 보수 (2019년 12월 말 기준)

(단위: 천 원)

출처: ALIO

"한국 공기업은 참 이상해요. 30여 명이 넘는 아주 똑똑한 직원들이 일 년 내내 경영평가 잘 받을 준비만 해요. 차라리 그 인원들이 회사 실적 올리는 일을 하면 더 좋은 평가를 받을 텐데요."

이는 경영평가 결과에 따라 성과금 차이가 나고 사회적 인식, 경영진의 책임 문제도 연관되어 있기 때문입니다. 회사나 기관 전체뿐 아니라 그 안의 각 부서 간에도 상대적 평가가 따르기 때문에 거의 봄철 몇 개월은 경영평가 대비가 본업일 정도입니다. 기본적으로 공직자들은 씀씀이가 크지 않고 대부분 근검하게 삽니다. 많지 않은 봉급으로 알뜰하게 생활하고, 아이들 교육시키고 조금씩이라도 저축해 자녀들 혼사와 본인들 노후 비용을 준비합니다. 그러면 된 것 아닌가요?

숨 막히는 경직된 직장 문화?

다음의 오해와 진실은 '공공 부문의 직장 문화'입니다. 공공 부문은 권위주의적인 데다 창의력이 떨어지고, 경직된 조직 문화를 갖고 있다는 일반적 인식이 있습니다. 그래서 늘 똑같은 복장, 정형화된 언어, 개성 없는 집단 사고, 철저한 상명하복의 경직된 문화로 보는 선입관이 있습니다. 시대 변화에도 둔감하다고 봅니다. 한마디로 '관료적이다'라는 수식어가 늘 따라다닙니다.

다 틀렸다고는 할 수 없습니다. 그러나 이 역시 많은 오해가 있습니다. 업무 특성상 냉정한 사고와 공정한 자세, 다층적 의사결정 구조, 그리고 일사불란한 조직력 등이 필요하기 때문에 민간 부문에 비해 건조하고 딱딱하게 보일 수 있습니다. 그러나 선비같이 정돈됨과 로봇같이 경직됨은 달리 보아야 합니다. 오히려 내가 경험한 바에 의하면 과잉 의전과 권위주의적 문화는 민간 대기업이 더하면 더했지 덜하지 않다고 생각합니다. 내가 해외 근무할 때입니다. 공직자들은 윗사람이 출장 오면 공항 영접 후 가방을 대신 드는 정도이지만, 민간 대기업에서 임원

이상이 오면 영접자가 공항 내 동선과 발자국 수까지 세어 챙기는 도상 연습까지 하는 것을 보았습니다. 공항 출영부터 체류기간까지 윗사람의 모든 행적을 그림자같이 챙기는 겁니다.

공공 부문에 경직된 문화만 있었다면, 코로나19에서 보여준 세계 최고 수준의 방역 체계, 선진국에 역수출되는 행정 전산망, 일본이 늘 부러워하는 수출 지원 시스템, 포브스 유틸리티 부문 세계 1등이 되었던 한전의 전기 품질, 수년간 세계 1등 공항을 빼앗기지 않은 인천공항, 좁은 농지에 세계 최고의 수확을 가능케 한 농업진흥공사 등의 업무 성과들은 어떻게 가능했을까요? 공공 부문에 우수한 인재들이 있고, 그들의 전문성과 창의성을 최대한 살려주었으며, 아울러 성과에 대한 인센티브 시스템이 작동했기 때문이라고 봅니다. 민간기업처럼 단기적 성과에 집착하지 않고, 오랜 기간 시행착오를 감수하면서도 경험과 노하우를 계승하며 혁신을 이뤄온 것입니다. 박사 학위는 없어도 공조직 내에는 '나무 박사', '물 박사', '전기 박사', '병충해 박사' 들이 너무나 많습니다. 외국어 구사 능력도 민간 부문보다 나으면 나았지 떨어지지 않습니다.

공공 부문의 혁신은 나름 하루도 쉬지 않고 진행되고 있습니다. 내부의 권위주의적 문화도 밖에서 생각하는 것과는 많이 다릅니다. 오히려 수행원 없이 최고경영자가 손가방 들고 나 홀로 해외 출장을 가는 경우가 이제는 일상화되어 있습니다. 특히 국제 업무나 경제 분야의 정부 기관이나 공기업들은 상하 간에 격의 없고 격렬한 토론이 어떤 민간기업보다도 활발히 이뤄지는 조직 문화를 갖고 있습니다. 이들의 자기 분야에 대한 전문성과 논리구사 등은 세계적 경쟁력이 있고 그 원천은 윗사람이나 아랫사람이나 다 같이 국가의 녹을 먹고 일한다는 당당함에서 나옵니다.

기타 개인적으로 자기 발전 가능성이 적다든지, 지방근무를 많이 해야 한다든지, 줄을 잘 서야 한다든지 이런저런 속설과 오해는 셀 수 없겠지만, 그것은 조직 특성에 따라 다르고, 민간 부문에 비해 특히 더 나쁜 상황은 아니라고 봅니다. 물론 공기업, 공공기관들의 본사가 참여정부 때부터 지방으로 이전되었고, 이로 인해 직원들과 가족들이 어려움을 겪고 있는 것은 사실입니다.

하지만 5~6년이 지난 지금은 이전 지역의 생활 여건과 교육 여건이 많이 좋아졌고, 직원들도 잘 적응하는 것 같습니다. 이 점은 반론도 있습니다만…. 또 본사의 기능도 점차 분산되는 추세이므로 역으로 수도권 파견 근무의 기회도 적지 않습니다. 결론적으로 각자의 가치관과 자신이 선택한 직업에 대한 자부심이 슬기로운 직장생활을 하는 데 가장 중요한 요인이 된다고 생각됩니다.

빅뱅 시대 속, 공공의 미래 짚어보기

큰 정부가 만들어낸 철옹성, 언제까지 갈까?

시대적으로 1960~1970년대의 개발 초기에는 누가 뭐래도 공공 부문이 국가 건설의 주체였습니다. 삼성, 현대, LG, SK 등 현재 국가 경제의 대들보 역할을 하는 소위 재벌 기업들은 글로벌 기업으로 가기 위해 역량을 축적하는 단계 정도였고, 주요 건설 및 투자 사업은 공공 부문에서 이뤄졌습니다. 최고의 기업은 한전, 포항제철, 한국통신, 한국중공업, 농협, 철도청 등 인프라 부문 공공기관 또는 공기업들이었습니다. 따라서 정부나 공기업들은 분명 변화의 주역이자 미래가 보장되는, 청년들이 선망하는 직장이었습니다.

그러나 1980년대로 들어오면서 빠른 산업화 과정에서 공공 부문은 사양 산업 분야로 평가되고 우수한 인적 자원은 민간 대기업으로 쏠리기 시작했습니다. 우리 경제에 본격적으로 '시장'의 개념이 자리 잡자 독점적 지위를 누리던 공기업들은 시장에서 빠르게 퇴출되었고, 그 역할을 민간 부문에 넘겨주고 역사 속으로 사라져주는 것이 미래를 위한 '최고의 선'인 것처럼 보였습니다. 이후 공공 부문은 개혁의 대상이 되면서 공기업 민영화가 시대의 화두로 등장합니다. IMF 외환위기 이후에는 공공기관, 공기업 등 공공 부문의 비능률과 방만한 운영이 늘 도마 위에 오르고 메스가 가해집니다. 그래서 이때부터 공기업이나 공공기관에서도 노동조합이 목소리를 내고, 투쟁복을 입게 된 것입니다.

　공공 부문의 노조가 가장 민감해하는 것은 구조조정과 민영화입니다. 임금이나 복지 수준 문제는 공공 부문의 대주주가 정부인 만큼 비교적 협력적이지만, 고용에 직접 영향을 미치는 구조조정이나 민영화 문제에는 물러서지 않고 있습니다. 정부 입장에서도 경제가 전반적으로 어려울 때는 공공 부문에서 고용을 흡수해줘야 하기 때문에 과감한 조치를 하는 데 한계가 있는 것입니다.

　이런 이유로 역대 정부, 특히 보수 정부에서 공공 개혁을 꽤 강도 높게 밀어붙였지만, 성과는 늘 작은 몇 개 기관의 통폐합에 그치는 시늉에서 끝난 것입니다. 그러면서 경제의 양극화, 산업 안전, 기후 변화와 환경 문제, 지속가능한 성장 등의 이슈가 정부 정책 어젠다에 비중 있게 자리 잡으면서 공공 부문 역할 확대가 오히려 재조명됩니다. 특히 진보적 성향의 정부에서 큰 정부를 표방하고, 공공 부문에서 경제와 사회 각 부문의 선도적 역할을 기대하기 때문에 더욱 철옹성이 되고 있는 것입니다. 그러면 이런 상황이 계속 이어질까요? 또 바람직한 것일까요? 공공 부문은 철옹성이 되어서도 안 되고 모래성이 되어서도 안 됩니다. 민간과 공공 부문은 적절한 균형과 견제 또는 동반 성장이 필요합니다. 앞으로 공공 부문의 미래는 어떻게 될까요? 어떤 변화가 기다리고 있을지 조명해보겠습니다.

2년 후 공공 부문의 빅뱅은 불가피하다?

누구나 공공 부문의 근본적 혁신의 필요성은 늘 느끼지만, 정부 후반기에 민영화, 인원 감축 등 대규모 외과적 수술 가능성은 현실적으로 매우 어려워 보입니다. 전국 각 지역에서 한자리에 오래 근무하면서 터줏대감이 되어 오피니언 리더 역할을 하는 공공기관의 간부나 노조들이 선거에 미치는 영향을 결코 과소평가할 수 없는 것입니다. 또 정부 말기에 레임덕이나 각종 민심 이반 현상이 생길 가능성이 있는 상황이면 그래도 정권 안정을 위해 끝까지 의존할 수 있는 부문이 공공 부문이기 때문에 척질 수는 없습니다. 그래서 정권 말기의 주요 장관, 공공기관 대표 자리에는 내부 출신이나 관료 출신 전문가로 대거 포진됩니다.

노무현 전 대통령은 원고 없이 격정을 담은 즉흥 연설을 잘하는 것으로 소문났던 분입니다. 판에 박힌 사고에 젖은 관료들이 써준 연설문이나 말씀 자료는 혼이 안 담겨 있다고 무시하고 그분의 머리와 가슴속의 말을 유려하게 풀어놓곤 했습니다. 그런데 그분이 임기 말기로 가면서 연설 중 가지치기를 하다 생각이 막히면 "제가 어데까지 이야기했지요? 그러니까 똑똑한 공무원들이 써준 것을 읽어야 되는데 제가 습관이 안 되어서…"라는 말로 그 순간을 종종 넘겼다 합니다.

급속히 변화하는 트렌드에 적응하기 위한 내부의 질적 혁신은 반드시 필요합니다. 혁신을 스스로 이뤄내지 못할 경우, 새 정부 초기 가장 먼저 수술대에 올라 존폐 여부의 대상이 될 것입니다. 늘 새 정부가 들어서면 회오리바람이 불고, 공무원이나 공기업 등은 개혁의 손쉬운 타깃이 되어왔습니다. 그때그때 무슨 명칭을 하나 붙여 그들의 행태나 관행에 대해 손을 봐왔습니다.

이 정부에서는 '적폐'라는 이름의 오랏줄입니다. 공공 부문에서 5년마다 겪는 혹독한 정기적 시련입니다. 조직이 통폐합되고 구조조정이 일어나고 또 이 분야의 많은 사람들이 시련의 시기를 맞기도 합니다. 지난 정부의 각료나 공공기관의 장들도 물론 교체의 대상이 됩니다. 세상이 개혁되어야 하는데 옛 생각이나 방식에 머물러 있는 사람들에게는 일을 맡길 수 없다는 것입니다. 개혁 주체로 변신을 못하면 개혁 대상으로 처리된다는 이야기입니다.

이미 와 있는 3D 태풍

현시대 한국뿐 아니라 전 세계를 지배하는 혁신의 테마와 트렌드는 세 가지입니다. 디지털화Digitalization, 분산화Decentralization, 탈탄소화Decarbonization의 3D가 국가와 사회와 경제 운영의 각 부문에서 변혁의 피할 수 없는 방향이 될 것입니다. 공공 부문이 이런 면에서 머뭇거리다 변화의 물결을 놓치면 가혹할 정도로 여론의 평가를 받게 될 것이고, 민영화나 구조조정 등 외부로부터의 외과적 수술을 피하기 어렵게 될 것입니다. 그리고 그런 시기가 얼마 남지도 않았습니다. 1년 반 정도 지나면 새 정부가 들어설 것이고, 새 정부에서 공공 부문은 늘 그랬던 것처럼 다시 정밀한 신체검사를 받고 키울 것, 살릴 것, 합칠 것, 축소할 것, 없앨 것으로 분류될 것입니다. 특히 현재는 3D와 포스코 코로나 시대라는 메가 트렌드 태풍의 한가운데로 들어가고 있기 때문에 다음 정부 초 공공 부문의 빅뱅은 그 규모나 강도가 매우 클 것이란 견해가 많습니다.

디지털화Digitalization

10년 후 공공 부문에서 AI가 빼앗아갈 일자리는 얼마나 될까요? 각종 법령, 판례, 행정 사례 등의 데이터를 수집, 분석, 학습해 유권 해석해주는 일을 AI가 순식간에 처리해주고 맡아서 해준다면 법무부, 법제처뿐 아니라 법률공단 및 공공 부문의 법을 다루는 영역에서 전문가가 할 수 있는 일은 얼마나 존속할까요! 전기 등 에너지 부문에서 에너지 수급 데이터와 기상 상황을 여러 가지로 분류해 빅 데이터화할 경우 한전이나 전력거래소의 중앙통제실 상시 근무자가 지금처럼 수십 명이 필요할까요? 인공지능이 기능하는 무인자율차가 교통사고를 냈을 때 경찰이 책임 판정을 서버 관리자에게 할 것인지, 자동차 메이커에게 할 것인지, 또는 자동차 소유자에게 할 것인지, 이 또한 AI가 결정하게 할 것인지 등 공공 부문 시스템 운영과 의사결정 과정 등에서 빅뱅 수준의 변화는 불가피해 보입니다.

코로나19 사태가 다시 악화하면서 급속히 당겨지고 있지만 공공 부문의 채용 절차도 AI에 의한 방식이 대세가 되고 있습니다. 공공 부문에서 금융 분야를 시발로 의료복지, 교통, 에너지, 주민행정 등 공공 데이터 발생이 많은 곳에 AI의 효용가치가 기하급수적으로 커지고 있습니다. 2~3년 내에 공공 부문에 혁신적인 변화가 일어나지 않는다면 글로벌 스탠다드를 좇아가지 못하고 낙후된 행정과 운영을 모면하기 어려울 것입니다. 특히 망에 관련된 것, 즉 전력망, 도로망, 통신망, 교통망, 상하수도망 등의 관리는 디지털화가 매우 시급합니다. 여기에서 발생되는 천문학적 양의 데이터는 데이터 댐, 즉 클라우드에 저장되고 연산, 학습되어 인공지능화하고 플랫폼에서 갖가지 용도로 활용됩니다.

이미 각 분야의 많은 데이터가 시장에서 상업적으로 활용되고 있지만 공공 부문의 데이터는 양과 질적인 면에서 훨씬 더 방대하고 가치가 큽니다. 데이터 3법 개정으로 공공 부문의 데이터가 개방되면 대형 클라우드를 보유한 MS, 구글, 아마존 등 글로벌 플랫폼 기업들이 가장 공격적으로 독점하려 할 것입니다. 데이터 주권 문제가 나옵니다. 그렇게 되면 디지털 시대의 우리 공공 조직은 이런 외국 기업들에 데이터 운영권을 위탁하고 실질적으로 '속빈 강정'의 공기업 디지털화가 될 수밖에 없는 것입니다. 꼭 외국 글로벌 기업이 아니라도 국내의 민간기업이 공공의 데이터를 활용해 여러 가지 비즈니스 모델을 만들 경우 그 활용 방식이 공공의 이익과 부합하도록 관리와 평가 및 감독이 제대로 이뤄져야 할 것입니다.

정부에서 시작한 한국형 디지털 뉴딜은 '데이터 댐'을 구축하는 사업입니다. 이는 앞으로 국가의 미래를 위한 인프라가 되어야 합니다. 이것이 한국의 각 부문 4차 산업혁명이 순조롭게 이행되느냐의 관건이 될 것입니다. 이를 위해 공공 부문의 고위 공직자와 경영진 등이 디지털화의 중요성과 시급성에 대한 인식, 이에 관한 지식과 정보를 어느 정도 보유하고 있어야 할 것입니다.

그러나 유감스럽게도 이 부문은 민간 기업에 비해 많이 뒤처져 있고 심지어 공직 간부들은 젊은 직원들과 소위 심각한 디지털 디바이드Digital Divide 상황에 빠져 있어 '아날로그 유목민' 소리까지 듣고 있습니다. 빨리 깨어나야 합니다. 빨리 공부해서 디지털화의 기본 지식을 습득하고, 공공 부문의 디지털 원주민 20·30세대와 힘을 합쳐 디지털 생태계를 새로 만들어가야 합니다. 그것이 생존 방식입니다.

분산화Decentralization

현재 우리나라 최대 이슈는 아파트 등 부동산 문제입니다. 규제와 공급 확대 등 온갖 수단을 다 써도 약발이 잘 안 듣습니다. 젊은 세대의 최대 좌절 원인입니다. 정책적 혼선도 많았지만, 근본적으로 수도권, 지방 격차 불균형 문제입니다. 그래서 공공기관 이전이 추진되었고 지역에 따라 지역경제 성장과 혁신에 크게 기여한 곳도 있지만, 지방의 마을 소멸 속도는 오히려 빨라지고 있고 불균형의 정도도 나아지지 않은 게 사실입니다. 중앙집중화가 오히려 비효율적일 수 있다는 의미입니다. 이제 공공 부문의 데이터는 천문학적 비용을 들인 중앙집중형 관리 방식보다는 소위 블록체인형으로 관리되어 각 지방이 데이터를 공유하고 활용하는 것이 더 효율적이라는 이야기입니다. 블록체인형으로 활용될 경우 보안성도 더 강화될 수 있다고 합니다.

과거에 각 시도군 등 지방자치단체마다 공해를 유발하는 산업단지가 있었던 것처럼 이제는 지역별로 중형급의 데이터센터를 공공 부문에서 많이 만들면 진정한 균형 발전의 효자 역할을 할 것으로 생각합니다. 그러면 산·학·연의 클러스터도 자연스럽게 결성되고 활발히 굴러갈 것으로 기대됩니다. 이런 것을 감안해 공공의 기능과 조직도 따라줘야 할 것입니다. 실질적인 지역 균형 발전이 이루어지지 못하면 부동산 격차뿐 아니라 국가 효율이나 국민 통합도 요원할 것입니다.

현재 정부는 제2차 공공기관 이전 등 다시 강도 높은 지방분산화 정책을 추진하고 있지만 적지 않은 난관이 있을 테고 계획, 선정, 이전 등의 준비기간을 감안하면 빨라도 5년이고 이전 효과가 나타나려면 10년은 지나야 합니다. 지금까지 지역 균형 발전 차원에서 거점 대학, 거점 산업 클러스터 등도 많이 시도되었지만 확실히 늘어난 것은 도로 등 교통 인프라와 각 지역에 늘어선 산업단지 정도일 것입니다. 이제 분산화 정책도 시대 상황에 맞게 혁신을 이뤄야 합니다. 정보와 데이터, 소프

트웨어의 탈집중화와 분산 공유가 혁신의 핵심입니다. 바로 공공 부문 행정과 운영의 디지털화로 인해 특히 현 정부가 의욕적으로 추진하는 디지털 뉴딜과 그린 뉴딜은 AI와 플랫폼 기반이 되어 지역이 발화점이 되고 확산되어야 분산화를 더욱 촉진할 것입니다.

탈탄소화Decarbonization

기후 변화도 빠르게 진행되면서, 이로 인한 기상재해와 질병이 인류의 현재와 미래를 크게 위협하고 있습니다. 금년 우리가 겪은 대홍수, 세계를 마비시킨 코로나19 등도 근본적으로 탄소 배출로 인한 기후 온난화에서 오는 것입니다. 탄소 배출 증가 원인은 에너지를 많이 쓰는 경제와 생활 방식 때문입니다. 배출되는 탄소에 대한 해결책을 빨리 찾지 않으면 지구와 인류는 감내할 수 없는 재앙을 맞을 것입니다. 1800년대 초 이후 화석 연료에 의한 산업화 과정에서 지구는 약 1도 정도 기온이 올랐지만 그 피해는 어마어마한 것입니다.

2019년, 스웨덴의 16세 소녀 그레타 툰베리의 기후 보호 운동이 알려지면서 툰베리 등 세계 청소년들은 "왜 기성세대들은 에너지 자원을 흥청망청 써서 우리에게 거주 불능 지구를 물려주려 하느냐?"라며 매주 금요일 학교를 안 가고 저항 운동을 하고 있습니다. 그들은 심지어 '생태계 제6의 대멸종'까지 걱정하며 항의의 강도를 높이고 있습니다. 최근 한국 청소년 단체도 이에 가담하고 있는 것 같습니다. 전 세계 수백만 명의 사람들도 '탄소배출 제로 행동'에 돌입했습니다. MS, 구글, 애플 등 세계 굴지의 기업들도 동참해 '탄소 중립' 캠페인을 벌이고 있습니다. 우리나라도 이에 동참하고 있지만, 그 성과는 아주 미약해 세계의 기후 환경을 걱정하는 단체들로부터 '기후 변화 악당국'이란 악명을 듣고 있습니다. 한국은 탄소 배출 세계 7위 국가인데, 그간 실질적인 감축 노력이 매우 미흡했다는 평가입니다. 탈탄소화 문제는 공공 부문에서 제공하는 에너지, 철도, 도로, 교통, 농업, 도시, 주택 등의 서비스와 직결됩니다. 그런데도 공공 부문에서는 아직 문제의 심각성을 이해하지 못하고 있는 것 같아 안타깝습니다. 아니 이해는 하더라도 현실적 산업 여건 때문에 주저하고 있는 것일까요? 앞으로 공기업, 공공기관, 중앙 정부 및 지방정부는 탄소 중립 체제로 운영과 사업이 크게 바뀔 수밖에 없습니다.

현재 시작되고 있는 그린 뉴딜 정책은 공공 행정의 근간이 되고, 탄소 배출 영향 평가는 모든 프로젝트 수행의 관문이 될 것입니다. 특히 공공 부문은 탈탄소화 정책을 따라가는 것이 아니라 선도적 역할을 해야 합니다. 물론 이 또한 체제 전환이 빠를수록 좋을 것입니다. 이 기준을 못 맞추면 경쟁에서 뒤떨어지는 정도가 아니라 바로 퇴출일 것입니다. 그럼에도 기후 변화 문제를 종합적으로 지휘하는 우리의 지휘 기관이 어디인지 잘 모르겠습니다.

1980년대 이후 20년간은 중앙집권식 산업화 시대였습니다. 그 후 20년은 글로벌화, 지방화, IT화의 환경 속에 공공 분야가 민간 부문과 손잡고 역할을 해온 시대였습니다. 앞으로 20년은 디지털화, 분산화, 탈탄소화의 시대로 전 세계가 거의 빅뱅 수준의 변화를 맞을 것입니다. 공공 부문의 각 조직들은 이에 대비한 구상과 준비를 2~3년 안에 마치고 개혁에 들어가야 합니다. 공공기관의 궤도 의존성은 평시에는 안정성으로 연결되지만, 대변혁기에는 '온수 속 개구리'처럼 서서히 생명을 다하는 길로 이어질지도 모릅니다. 그런 의미에서 공공 부문의 미래는 과거 어느 때보다 불투명하면서도 다이내믹해 보입니다. 위기와 기회가 공존하기 때문입니다. 그래서 젊은이들이 공공 부문의 안정성만 보고 뛰어든다면 그 예상이 크게 어긋날 수도 있습니다.

변화를 가속화하는 코로나19

코로나19로 인해 그야말로 한 번도 경험하지 못한 삶을 인류가 겪고 있습니다. 그래도 우리나라는 재확산이 있었지만 잘 대응해 세계로부터 비교적 양호한 평가를 받는 것 같습니다. 또 이로 인해 국가 브랜드

가치도 조금 올라간 것 같습니다. 미국, 유럽, 중남미 등 전 세계가 엉망이 되고, 경제는 대공황 수준까지 걱정되고 있고, 삶의 모습도 많이 달라졌습니다. 또 이런 상태가 빨리 끝날 것 같지도 않습니다. 한국은 8월 이후 2차 감염 확산에 직면해 있고 언제 이 상황이 완전히 잡힐지도 모릅니다. 반복되는 폭염 기록, 태풍 횟수, 장마 일수, 가뭄 기간 등 자연재해가 특히 최근 20년간 폭증하고 있습니다. 이제 인류는 완전히 '거주 불능 지구' 상태가 될지도 모른다는 공포를 느끼고 있습니다.

코로나19로 전 세계인들에게 극한 체험을 시키고 있는 팬데믹도 숙주동물의 인간사회 접근, 북극의 해동으로 인한 거대 바이러스의 부활, 식량난에 의한 면역력 감소, 가뭄으로 인한 수질 오염과 미세먼지에 의한 호흡기 질환 확산 등이 원인이라는 것이 정설입니다. 트럼프가 "기후 변화는 과학적 사기다", "나같이 지적인 사람도 안 믿는다"라는 궤변을 늘어놓고 기후 변화를 부정하면서 상황은 더욱 악화되었습니다. Before Christ, After Christ를 의미하는 BC, AC가 이제는 Before Corona, After Corona로 새롭게 불린다고 합니다. 국가도 회사도 개인도 나 홀로 각자도생의 시대로 들어서고 있습니다. 특히 언택트Untact와 온택트Ontact, 즉 비접촉, 비대면 방식이 코로나19가 극복된 후에도 인간관계나 업무관계에서 일상화할 것 같습니다. 학자들이나 언론, 정부도 이러한 주장에 대체로 동의하는 듯 보입니다. 그렇다면 공공 부문에는 어떤 영향을 미칠까요? 우선 민원 업무가 크게 달라질 것 같습니다.

주민센터에서 서로 마스크를 쓰고, 민원 상담을 하는 방식이 과연 얼마나 지속가능할까요? 검침원이 가가호호 방문하면서 전력 사용량을 점검, 기록하는 모습을 얼마나 더 오래 볼 수 있을까요? 고속도로 톨게이트에서 도로공사 직원이 현금이나 카드를 받고 결제하는 모습은 또얼마나 더 볼 수 있을까요? 툭하면 팀장이나 부장이 직원들을 불러 회의를 하면서 침 튀기며 지시하면, '적자생존'으로 받아 적던 업무 방식은 이미 빠른 속도로 사라지고 있습니다. '회식도 업무의 연장이다'라는 말도 쏙 들어갔습니다.

실리콘밸리에서는 재택근무 비율이 75%나 된다고 합니다. 그래서 회사 근처의 집값이 폭락하고 있다는 얘기도 들립니다. 퇴근 후 동료들과 한잔하면서 상사 험담을 술안주 삼으며 업무 스트레스를 풀던 문화는 무엇으로 대치될까요? 얼마 전까지만 해도 공유 사회, 공유 경제를 새 시대의 트렌드로 봤는데, 이제는 고립 사회 각자도생이 생존 방식이 됐습니다.

비대면이 직장에서도 일상화하면 보고 지시 및 회의 방식, 대인 관계와 영업 방식, 동료 관계와 실적 평가 방식 등에서 전반적인 점검과 함께 도상 훈련도 필요할 것 같습니다. 아마 재택근무의 일상화는 근태를 중시하는 공공 부문의 직장 문화 때문에 상대적으로 조금 늦게 받아들일 수 있지만, 그래도 시간문제일 것 같습니다. 또 국제 업무를 보는 공직자들, 관광이나 여행업을 관장하는 정부 부서나 공공기관들은 비상사태입니다. 피할 수 없으면 능동적으로 맞아들일 수밖에 없는 것 같습니다. 이렇게 삭막하고 건조한 직장 문화 속에서도 따뜻한 인간관계와 감정 교류를 살려나갈 수 있는 묘수를 찾는 것도 새로 바뀐 환경 속 공공 분야에서 고민해봐야 할 과제입니다.

AI까지 들어온 공직 채용 방식

공무원이나 공공기관, 공기업 취업의 생명은 공정성입니다. 과거 여러 가지 줄에 의해 채용이 영향을 받던 시절에도 민간 부문에 비해 비교적 공정하게 채용 관리가 행해졌습니다. 소위 개천에서 용 나고 흙수저라도 실력만 있으면 합격이 되었습니다. 고시에 합격할 때는 말할 것도 없지만, 공무원 시험 또는 공기업 시험에 합격하면 출신 지역 마을 입구에 축하 현수막이 붙기도 했습니다. 지금도 공무원 고위직으로 승진한다든지 공기업 임원만 돼도 지방에서는 마을의 자랑거리가 되어 잔치가 열립니다.

그런데 공정성을 확보하고 채용에 관한 시비를 최소화하는 것만이 목적이라면 그냥 필기시험에 의존하고 가급적 재량의 여지를 없애는 것이 최선일 것입니다. 지금까지 공공 부문의 채용 방식이 대체로 그랬고 특히 행정공무원의 채용 방식은 반세기 동안 거의 바뀐 게 없습니다.

관운도 중요하다?

공무원 채용 방식은 아직도 완전 아날로그 방식에 머물러 있는 몇 안 되는 행정 분야 중 하나입니다. 공무원의 경우 직급별로 차이가 있지만, 필기시험이 사실상 최종 관문입니다. 서류 전형이나 면접에서 불합격 처리되는 것은 아주 예외적인 상황입니다. 면접에서 탈락하는 비율이 최근에는 20% 좀 넘게 늘어나긴 했지만 탈락자는 특별히 문제가 있는 사람을 제외하고 2차 필기시험 성적순이라고 합니다.

대입수능 준비하듯 예상 문제집을 열심히 풀어보고, 자신을 한 방에 어필할 수 있는 논문 작성 능력을 보여줘야 합니다. 그래서 각종 예상 문제집이 나오고 공시촌이 생기는 것입니다. 물론 100 대 1에 가까운 치열한 경쟁을 거쳐야 하지만, 한두 번 떨어졌다고 낙담할 일은 아닙니다. 포기하지 않고 계속 두드리면 언젠가 문은 열릴 것입니다. 나도 세 번 만에 3급 행정고시에 합격했지만 이 역시 빠른 편이었습니다. 최연소 합격자가 가장 빨리 성공하는 것도 아니고 최고령자라고 승진 등에서 어떤 핸디캡도 없습니다.

아무튼 현재의 공무원 시험은 내가 47년 전 응시했을 때의 과목과 크게 달라진 것이 없습니다. 9급이나 7급 또는 5급 공무원 시험도 직급별로 차이는 있지만 1차는 국어, 영어, 국사, 2차는 행정법, 행정학, 경제학 등이 공통과목입니다. 왜 50여 년이 지난 지금도 공시에 행정법, 행정학, 조사방법론 등이 필기시험 필수과목이 되고 주요 선택과목이어야 하는지 모르겠습니다. 이미 행정 영역에는 혁신적 기업 경영 방식이 자리 잡았고 빅 데이터에 의한 일 처리가 보편화되어 있는데 '조사방법론'을 달달 외우고 시험을 쳐야 하는지? 왜 인공지능이나 빅 데이터에 관한 기본 소양을 테스트하는 과목은 없는지? 갈등 이론이나 기후 변화 문제 등 발령받으면 바로 닥치는 문제들에 대한 기본 소양과 지식 정도는 공부하도록 해야 하는 것 아닌가요? 미래학을 공부해야 좋은 점수를 따고, 행정학도 미래 행정 분야가 주요 논제가 되어야 하는 것 아닌가요? '인허가와 신고의 차이', '행정대집행 절차' 등 행정법 이론들을 달달 외우고 공시를 준비했지만 막상 경제 부처에서 일을 해보니 거의 쓰일 데가 없었습니다. 또 조직론, 리더십 등 행정학 이론도 실제 근무 현장에서는 별로 쓰임새가 없었고 이러한 지식들은 현장에서 직무 지식이나 경험으로 쉽게 습득할 수 있는 것입니다.

아무튼 각급 국가 공무원 시험 내용과 절차도 공직에 다가오는 빅뱅 시대에 맞추어 획기적으로 혁신되길 바랍니다. 몇 번 떨어지고 2~3년 늦게 공직에 들어온다 해도 그 후의 행보에는 별 영향이 없습니다. 내가 공직에 들어왔을 때 거의 10년 이상 차이가 나는 동기도 있었지만 오히려 늦게 들어온 사람들이 더 열심히 일해 인정을 받고 더 빨리 성공한 경우가 많았습니다. 실제로 내 동기 중 거의 최고령자는 경찰청장까지 올랐습니다. 어쨌든 공무원이 되려면 '3대의 복록'이 있어야 한다는 말이 있듯 관운도 조금은 작용하는 것 같지만, 몇 번 떨어져도 포기하지 않는 것이 '언제고 꼭 합격'의 비결입니다.

면접은 합격자 선발보다는 인성 면에서 '공직 비적합자'를 찾는 여과 과정 정도로 이해하면 됩니다. 요즘은 1차 시험에서 상황판단력이나 언어논리 등을 테스트하는 PAST Public Service Aptitude Test, 공직적격성테스트 처럼 공기업에서 채택하고 있는 인·적성 검사를 한다 합니다. 면접 과정에서는 확고한 공직관과 국가관 또는 당시 정부의 정책 방향 정도는 막힘없이 당당하게 답변하는 모습을 보여줘야 합니다. 공무원 채용과 관련해서는 현재의 제도 하에서 열심히 공부하고 끝까지 포기하지 않으면 열린다는 말 외에 특별히 덧붙일 내용은 없습니다. 그러나 공무원 채용에도 AI 채용 절차나 집단토론 면접 등 시대적 흐름을 피할 수는 없을 것입니다.

여기에서 내가 일생에 딱 한 번 본 면접에 관한 에피소드 한 가지를 이야기하고 넘어가겠습니다. 1970년대 중반 대학 졸업을 앞두고 취업이 만만치 않을 때 행정고시에 도전했습니다. 두 번 떨어진 후 세 번째 응시할 때 건강이 좋지 않았고, 준비 부족으로 사실상 포기 상태에서 시험을 봤습니다. 논술 위주의 필기시험 답안도 어떻게 썼는지 모를 정도로 완전히 혼미한 상태에서 시험을 치렀습니다. 낙방을 확신하고 짐 싸들고 절에 들어갈 생각그 당시에는 고시촌 같은 것이 없었습니다이었는데, 발표 날 합격자 명단을 보니 내 이름이 있었습니다. 행정 착오가 아닌가 하고 내부적으로 알아봤더니 전체 합격자 117명 중 117등, 즉 꼴찌 합격이었습니다. 당시 56점이 커트라인이었는데 내가 받은 점수가 정확히 56점이었습니다. 그때부터 걱정이 태산이었습니다. 면접에서 한 명은 떨어뜨린다는데 대체로 꼴찌를 희생양으로 삼는다는 것이었습니다. 한 명이라도 떨어뜨려야 면접의 존재 의의가 있을 테니 말입니다.

이미 세상에 행정고시 합격자로 소문이 났는데 떨어지면 뭐라고 변명을 해야 할지 걱정부터 앞섰습니다. 어쨌든 면접을 보려고 예상 질문 공부도 많이 하고 그야말로 때 빼고 광내고 면접장에 잔뜩 긴장해서 들어갔습니다. 마치 면접관들이 '꼴찌 왔네' 하고 쳐다보는 것 같았습니다. 나름 최선을 다해 면접을 봤고, 결국 최종 합격이 되었습니다. 나중에 알아보니 다른 사람이 희생양이 된 것이었습니다. 확인은 못했지만 들리는 소문에 의하면, 여러 사람 앞에 서면 가슴이 뛰어 질문에 답을 거의 못하는 '면접 포비아' 같은 증세를 갖고 있는 사람이 있었다고 합니다. 그 사람이 마음을 진정하기 위해 약간의 음주를 하고 면접을 봤다는 소문도 있었습니다. 결국 저 대신 면접 제도 존재의 의의를 살려준 셈이 됐고, 그분은 본인의 존재 의의를 되살리기 위해 해병대에 자원 입대해 '진짜 사나이'로 다시 태어나 몇 년 후 시험에 또 응시해 합격했다고 들었습니다.

그 후 그분이 어떤 인생 경로를 거쳤는지 모르지만, 나에게는 분명히 관운이 작용해 공공의 길로 들어서게 된 것 같습니다. 누군가 제 사주를 봐도 늘 그런 내용이 나오곤 합니다. 그러나 물론 관운이 다는 절대 아닙니다. 행운의 여신은 열심히 하고 포기하지 않는 자를 찾아옵니다.

첫 번째 허들 '자소서' 가볍게 보지 마라

공기업이나 공공기관의 경우 공무원 채용 절차와는 많이 다릅니다. 절차나 과목 등에서 훨씬 진보했습니다. 물론 경쟁률도 더 세고 선택의 기회도 다양합니다. 경쟁률도 100 대 1 이상 될 정도로 치열하기 때문에 어찌 보면 우수한 인재 발탁이라기보다는 단계적 시험 과정이 응시자들을 떨어뜨리기 위한 절차로 보일 정도입니다. 장애인, 국가유공

자와 지역 특채 또는 경력 특채 등도 있지만, 역시 공개로 채용이 이뤄지고, 서류심사, 인·적성 검사를 위한 필기시험, 그리고 대체로 두 차례 정도의 면접 절차를 거칩니다. 서류심사와 그 후 진행되는 모든 과정에서 학력이나 출신 관련 등 개인정보는 가려집니다.

공기업 부문 채용에서 서류심사는 거의 통과의례였지만, 최근에는 서류심사에서 의외로 많이 탈락하는 추세입니다. 대체로 10%에서 20% 정도 탈락하는데 공기업 지원자가 크게 늘고 내부 심사 인력은 한정되어 있기 때문에 탈락자 비중이 점차 커지고 있습니다. 만만치 않은 첫 번째 허들입니다. 학교, 출신지역, 가족관계 등 개인정보는 가려지니까 계량화된 어학 점수나 사회봉사 경력, 자격증 유무가 아무래도 중요한 판단 기준이 됩니다.

입사지원 서류에는 본인이 갖고 있는 전문성을 최대한 부각하는 것이 도움이 됩니다. 단순히 경영학을 전공했다고 표기하는 것보다는 소위 '마이크로 디그리Micro Degree'라고 하는, 예를 들면 '단기 재무 분석'을 전문적으로 공부하고 경력을 쌓았다고 기술하는 것이 유리합니다. 자기소개서에서는 과거의 경력만을 나열하는 것보다 회사의 미래와 본인의 장점 및 특기를 부합해 개성 있게 작성하는 것이 첫 번째 허들을 넘는 관건이 될 수 있습니다. 자기소개서는 서류심사 때보다는 최종 면접 때 중요한 자료가 될 수 있습니다. 너무 빽빽하게 써도 면접 시 발목을 잡힐 수 있고, 남의 모범 답안을 베끼면 반드시 들통이 납니다.

코로나19가 등장시킨 AI

'AI', 'Big Data', 'Corona'의 A, B, C가 공기업과 공공기관의 채용 방식을 혁신적으로 바꿔나갈 것 같습니다. 이미 디지털 기업과 일부 금융권 등에서는 각종 테스트와 면접 등 의사결정 과정에서 AI, 빅 데이터 방식으로 공정성과 정밀도를 높이고 있습니다. 아울러 직무 수행 능력뿐 아니라 성실성과 정직성, 창의력 등 인성 분야까지 평가하려는 시도를 하고 있습니다. 입사 지원 서류심사 정도는 AI가 순식간에 읽어내면서 몇천 건을 10분 내 처리할 수 있게 될 것입니다. 아직은 AI 로봇의 면접 과정 관여에 대해 심리적 거부감이 있을 수도 있습니다. 빅 데이터에 대한 신뢰 문제도 있고, AI 면접 시스템도 완성도를 보여주고 있지 못합니다.

그러나 코로나19로 인해 사회적 거리 두기가 언택트 사회를 만들고, 또 이러한 상황이 장기화되면 변화가 빨라질 수 있을 것 같습니다. 수만 명의 지원자가 몰리는 한전 같은 공기업에서는 일시에 많은 지원자를 한자리에 모아놓고 시험을 치르고 면접을 하고 합격자를 선발하는 과정이 위험해질 수 있어 상황이 급해지는 것입니다.

코로나19가 아니더라도 공공 부문으로 몰리는 지원자들을 일일이 대면해 처리하는 방식이 물리적으로 어려워지고 있습니다. AI 로봇이 면접 과정에 등장한다면 대면에서 놓칠 수 있는 눈동자 흔들림이나 입술 움직임, 음성 떨림 같은 미세한 부분까지 측정해 진실성 테스트에 반영할 수 있어 정밀도를 높일 수 있습니다. 또 AI의 측정 대상에서 외모는 제외되기 때문에 외모에 자신 없는 지원자가 면접자들의 편견에 영향을 받지 않을 수 있다는 확신도 가질 수 있습니다. 지금도 인·적성 검사의 표준화, 데이터화를 위해 공기업마다 AI의 준비 단계 정도로 보이는 NCSNational Competency Standards라는 국가직무능력표준을 채택하고 있습니다. 기초 직무 능력인 의사소통 능력, 수리연산 능력, 직업윤리 등 10개 항목을 표준화한 것입니다. 앞으로 빅 데이터 기술이 발전할수록 AI 비대면 면접 비중은 늘어날 것입니다. 금년도 공기업, 공공기관은 서둘러서 AI 채용 절차를 도입하는 경향이 뚜렷해 보입니다. 금융권과 에너지 공기업들이 선도하고 있고 아마 2021년쯤에는 거의 대부분의 공공기관들이 부분적이라도 AI 도입을 할 것으로 예상됩니다.

NCS와 관련한 인·적성 검사는 기관에 따라 조금씩 다른 방식으로 시행되고 있습니다. 채용 기관에 맞는 인성이나 적성을 가졌는지 테스트하는 과정입니다. 200개 정도의 질문을 주고 정해진 시간 내에 재빨리 답을 해야 합니다. 빠른 판단과 정직성, 일관성이 요구됩니다. 앞 질문의 답 방향과 비슷한 뒷질문의 답 방향이 틀리면 치명적입니다. 정신적으로 튀는 형은 아닌지, 페이크Fake형은 아닌지, 지나치게 성인군자형은 아닌지 파악하는 중요한 검사입니다. 이 테스트 과정에서도 많이 떨어지니 시중의 문제집을 통해 충분한 대비를 해둘 필요가 있습니다.

다만 AI 면접 과정에서 기발한 발상과 대담한 답변, 그리고 현재까지 모범 답안에 없었던 천재적 역발상 같은 창의성에 대한 특별한 평가가 이뤄질 수 있나 하는 의구심은 있습니다. 이러한 케이스를 처리하는 솔루션도 곧 개발될 것입니다. 이런 변화가 오면 청탁이나 줄에 의한 채용 비리도 사라지고, 종일 복도에서 긴장한 모습으로 면접 차례를 기다리는 모습도 줄어들 것입니다. 요즘 늘어나고 있는 AI 면접 관련 교육 기관에서 연습을 해본 응시자들은 AI 면접이 청문회 같은 대면 면접보다 분위기가 훨씬 편안하다고 긍정적으로 평가합니다. 대면 면접의 청문회 분위기가 아니고 매우 편안한 기분이라고 긍정적으로 평가하는 추세입니다. 다만, AI 검증이나 면접 시 제일 조심해야 할 사항은 남의 글을 그대로 인용해 표절 의심을 받거나 앞뒤 말이 틀리는 경우, 또는 동어반복입니다. 이는 자동 감점으로 연결된다는 것도 명심하기 바랍니다.

합격을 부르는 슬기로운 면접

면접은 공공기관, 공기업 입사에서 가장 중요하고 결정적인 허들입니다. 면접은 1차 실무 면접, 2차 경영진 최종 면접 식으로 시행하는 경우도 있고, 1차 실무 면접을 NCS 기반 인·적성 검사로 대체하는 경우도 있는데 점차 후자의 방식을 선택하는 것 같습니다. 물론 KOTRA와 같이 국제 업무를 다루는 기관에서는 인·적성 검사 필기시험과 면접시험에서 테스트하는 영어 회화 능력 등 어학의 배점이 큰 것은 당연합니다.

AI 면접이 늘어난다 하더라도 아직까지는 회사 측 간부들의 대면 면접이 많고, 특히 가장 중요한 최종 면접인 경영자 면접은 AI 시대에도 대면으로 이루어질 수밖에 없을 것입니다. 인·적성 검사나 1차 면접이 최종 면접에 올릴 사람을 찾기 위해 추려내는 과정이라면, 최종 면접은 대체로 1.5 대 1 또는 2 대 1 정도가 되고 좀 더 우수한 사람을 선발하는 과정입니다. 그러니 최종 면접까지 올라갔다 떨어질 경우에는 그 충격과 통한이 무척 클 수밖에 없을 것입니다. 여러 조직에서 최종 면접을 담당했던 고위 경영층의 이야기를 종합해봤습니다.

면접, 이것만은 체크하자

먼저 복장과 용모입니다. 청바지같이 지나치게 튀는 복장은 바람직하지 않지만, 천편일률적인 복장이나 여성의 경우 똑같은 헤어스타일과 화장은 본인을 어필하는 데 도움이 되지 않습니다. 특히, 여성은 흰블라우스에 검정색 투피스 복장에서 좀 용감하게 벗어나면 좋겠습니다. '개성 있는 다름'을 보여주면 도움이 될 것입니다. 어떤 회사는 응시자들에게 티셔츠 등의 단체복을 주고 면접을 하기도 합니다. 이는 복장으로 식별치 못하게 하기 위한 것이겠지만, 너무 형식적인 듯한 생각이듭니다.

면접관 구성은 대체로 최고경영자는 참석 안 하는 경우가 많고, 인사담당 임원 정도가 면접위원장이 되고, 외부 인사가 한 명 이상 꼭 참여

합니다. 이들은 대체로 중앙 혹은 가장 끝에 앉습니다. 그들과 눈을 맞추고 정면 공략하는 것이 좋습니다. 아무래도 다른 면접관들은 알게 모르게 그들, 즉 면접위원장이나 외부 인사의 표정을 살피지 않을 수 없기 때문입니다.

질문을 받았을 땐 핵심을 재빨리 파악하고 명료하고 당당하게 답변해야 합니다. 결론을 먼저 제시하고 부연 설명을 하는 것도 효과적인 방법입니다. 면접관으로 들어간 사람들 이야기로는 70% 정도가 늘 비슷한 답변을 해서 금세 지루해진다고 합니다. AI, 빅 데이터, 클라우드 등 디지털 트렌드, 기후 변화, 팬데믹과 언택트 근무환경, 사회적 양극화 문제, 미·중 관계, 세계경제 환경 등 현안 이슈와 지원하는 회사와의 연관성을 필히 연구해 답변을 여러 차례 연습해볼 필요가 있습니다. 대안까지 제시하면 금상첨화입니다. 특히 금년에는 '코로나19 이후의 세상이나 한국 또는 회사가 어떻게 달라져야 하나?'라는 질문이 많다고 합니다.

가상의 상황을 제시하고 해결책을 묻는 경우도 있습니다. 팀 면접을 통해 상대적 평가를 하기도 합니다. 회사 업무 중 중대한 사고가 났다고 가정하고 이를 수습하는 과정을 살펴보기도 합니다. 따라서 위기관리 협업 시뮬레이션과 민원 처리, 홍보 방식 등에 대한 나름의 도상 훈련을 해보면 좋습니다. 물론 이런 경우, 어떤 정답을 정해놓고 물어보는 것은 아니고 순발력을 테스트하려는 목적을 가집니다. 팀 면접을 할 때는 지나친 자기주장보다는 팀원과의 협력과 긍정적 사고를 보여주면 돋보일 것입니다.

"얼음이 녹으면 연상되는 것?"이란 질문에 "물이요"라는 정말 물 같은 대답을 하면 불합격이 보장될 것입니다. '기후 변화'라든지 '팥빙수' 같은 연관성 있는 답변을 내놔야 창의성을 인정받습니다. 어느 기관에서는 짓궂은 면접관이 "인생에서 어느 때가 가장 당황스러웠습니까?"라는 질문을 했다고 합니다. 이에 대해 "그 질문을 받은 바로 지금입니다"라고 답변해 좌중을 폭소케 한 사람이 좋은 점수로 합격했다 합니다. 미래의 야심도 강하게 보여줘야 합니다. "당신은 이 회사에 들어오면 20년 후쯤 무엇을 하고 있을 것 같습니까?"라고 물었을 때 "아마 인사부장쯤 하고 있을 것으로 생각합니다"와 "저는 새 업종을 접목해 이 회사를 플랫폼 회사로 완전히 바꿔놓겠습니다" 중 어떤 답변이 점수를 잘 받을까요? 너무나 자명합니다. 매력적인 답변을 하려면 지원자가 입사하고 싶은 조직에 대한 확고한 철학이 있어야 합니다. "나는 이런 생각을 갖고 이 회사에 들어와 큰 변화를 만들어보고 싶습니다"와 같은, 즉 '신선한 발상'과 '미래의 변화'라는 키워드를 활용해 이끌리는 답변을 연습해야 합니다.

흔히 면접관들은 입사 지원자들의 답변이 세 가지 유형으로 나뉜다고 말합니다. 첫 번째는 성실하게 답변하고 질문에 또박또박 이야기하는 성실해박형, 두 번째는 기발하면서도 튀는 답변으로 눈길을 끄는 괴짜형, 세 번째는 읍소감성형입니다. 어떤 유형이 면접관들에게 가장 잘 통할까요? 의외로 역순이랍니다. 세 번째 유형이 마음을 가장 잘 움직이게 하고, 그다음이 두 번째, 첫 번째 순이라 합니다. 물론 AI가 면접하면 그 반대가 될 수도 있겠지만 말입니다.

공기업 면접 절차는 매우 공정합니다. 점수를 잘 받기 위해 청탁을 해도 아무런 소용이 없습니다. 왜냐하면 면접관 선정 자체가 면접 당일 아침에 무작위로 추첨해 이루어지기 때문에 사장도 물리적으로 영향을 미칠 수 없습니다. 그리고 피면접자들의 신상 기록도 전부 블라인드 처리가 되기 때문에 누가 누구인지 식별도 안 됩니다. 청탁이 들어간다 해도 이런 촘촘한 면접 시스템 때문에 엉뚱한 사람이 덕을 볼 수도 있을 정도로 분간이 어렵습니다.

마지막으로 공공 분야에 응시하려는 분들께 다음과 같은 질문을 던져봅니다. 실제로 많이 활용하고 있으니 면접을 본다 생각하고 답변해보면 좋을 듯합니다.

"밤늦게 길을 가다가 갑자기 결혼할 여자 친구가 혈당이 떨어져 쓰러졌습니다. 근처에 약국이 보이긴 하지만 문을 닫았습니다. 유리창을 부수고 들어가 약을 찾아 먹이는 것이 옳을까요? 또 과거에도 이런 일이 가끔 있고 당장은 화급한 상태 같지 않으니 바로 택시를 불러 약 15분 거리의 종합병원 응급실로 가는 게 나을까요?"

이런 질문이 공공 부문에 맞는 인재인지를 알아보는 적합성 테스트입니다. 답은 물론 병원 응급실로 가는 겁니다. 공기업은 준법의식과 침착한 상황판단 능력을 존중합니다. 만약 민간기업에서 테스트를 했다면 1번이 답이 될 수도 있을 것입니다. 신속함과 성과가 더 중요하기 때문입니다.

성별, 학력 등은 핑계다

최근 주요 공기업들에서 기술직이 아닌 일반 사무관리직의 최종 합격자를 보니 여초 현상이 많은 것 같습니다. 특히 어학 능력 배점이 많거나 외국어 면접을 보는 KOTRA 같은 공공기관들은 여성 합격률이 매우 높습니다. KOTRA와 달리 대외 업무가 주 업무가 아니고 영어 면접이 없다 해도, 일반 면접 과정에서 상대적으로 부드러우면서도 명료한 답변으로 면접관에게 좋은 점수를 받는 여성 응시자들이 많다고 합니다.

과거에 공기업들은 여성에게 유리천장 같은 조직이었습니다. 그러나 오히려 요즘은 여초에 의한 젠더 불균형 문제까지 생겼다고 합니다. 그렇다고 이를 회사가 인위적으로 조정할 수는 없는 노릇입니다. 그래서 불균형 문제가 심한 경우에는 면접관을 배정할 때 여성의 비중을 높이기도 한답니다. 아이러니하게도 여성이 여성에게 더 박하게 점수를 주는 경향이 있다고 합니다.

여성에게 정돈되고 세련된 면접 대응 능력이 있다면 남성의 경쟁력은 거칠고 세련되지는 못해도 도전적이고 분명한 의지의 표현 같은 것들에서 찾아야 할 것 같습니다.

어느 공기업의 면접 과정에서 있었던 에피소드입니다. 면접을 마무리하는 시점에서 "마지막으로 하고 싶은 말이 있습니까?" 하고 물었더니 한 지원자가 "아이돌 가수의 노래와 춤을 선보이겠습니다"라고 답변했다고 합니다. 예상치 못한 상황에 다들 적잖이 당황하고 있는데 면접위원장이 다른 지원자들과의 형평성을 언급하면서 지원자의 의지를 저지했다고 합니다. 직무와는 무관하지만 본인의 장점을 어필하기 위해 최선을 다하는 모습이 저는 매우 인상적으로 느껴졌습니다. 당락은 어떻게 되었을까요? 독자들의 상상에 맡기겠습니다. 아마 오전, 오후에 따라, 면접관의 피로도에 따라 결과가 달라졌을 것 같습니다.

또 한 가지의 특징은 최근 공공기관 취업자 중에서 소위 SKY 비중이 과거보다 줄고 있다는 현상입니다. 혹자는 공기업 본사 지방 이전으로 인한 기피 현상 때문이라고 분석하지만 나는 그렇게 생각하지 않습니다. 다른 대학들에서 공기업 입사를 위해 특별반을 만드는 등 학교 차원에서 총력을 다하기 때문이라고 봅니다. 이러한 노력이 대학 서열을 없앤 평준화에 영향을 미쳤을 거라고 생각합니다.

이외 공기업이나 공공기관의 채용에 취업 연계형 인턴 과정을 거쳐 들어오거나 장학생 특채 등이 있으나 점차 일반 공개 채용으로 흡수되고 있습니다.

공기업은 고졸과 대졸 간의 학력 차이에 의한 인사상 차별이 그리 크지 않습니다. 그래서 많은 사람들이 고졸 사원으로 일단 입사한 뒤 재직하면서 온라인 등을 통해 대학 과정을 이수하고 학력으로 인한 인사상의 갭을 극복하기도 합니다. 제가 몸담았던 공기업들에서도 고졸 취업 사원이 더 성공하는 경우를 많이 봤습니다.

현재 청년 취업자들을 화나게 하는 문제가 있습니다. 바로 여러 공기업에서 일어나고 있는 '비정규직의 정규직화'입니다. 장기간 비정규직으로 봉사한 분들에 대한 배려 차원에서 부분적으로 필요하긴 합니다. 그러나 일정한 시험 절차도 거치지 않고 정규직으로 대량 전환되는 상황에 박탈감은 물론 역차별과 불공평함을 느끼는 젊은이들이 많습니다. 과도기적 상황이기는 하겠지만 이런 상황이 빨리 종식되고 논란도 없어져야 할 것입니다.

아무튼 공공기관, 공기업의 취업문은 매년 넓어지고 있습니다. 열정적이고 능력 있는 인재들이 많이 지원해 크게 변화하는 대내외적 여건 속에서 공공의 서비스 질과 국제 경쟁력을 한 단계 높이면 좋겠습니다.

대담을 이끈 이종재 대표는 〈서울경제〉, 〈한국일보〉, 〈동아일보〉, 〈머니투데이〉 등에서 30여 년간 기자생활을 하고, 〈이투데이〉 사장을 지냈습니다. 현재 공공기관사회책임연구원(PSR) 대표로 있습니다.

🧑 이종재   (출판) 시도가 공공 부문에의 입문 가이드, 성공 가이드, 삶의 가이드라는 측면에서 굉장히 의미 있는 작업이라는 생각이 듭니다. 특히 입문 과정에서 요즘 늘어나는 공직, 공공 부문에 관한 관심을 현실적으로 얼마나 잘 정리해주시느냐에 따라 파급력이 클 것이라고 봅니다. 저격수 입장에서 좋은 도전과 시도, 또 후배들을 위한 특별한 기록이 되었으면 하는 바람입니다.

🧑 조환익   너무 세게 저격하지 말고 좋은 충고를 많이 해주시면 좋겠어요. 저는 기본적으로 수재들이 전부 공공 부문으로 들어가는 건 원치 않아요. 민간 부문, 특히 미래와 관련된 부문에서도 많이 일하면 좋겠습니다. 다만 버금갈 정도의 우수한 인력들이 공공 부문에서도 일하면 공공 부문의 역할이 커질 수밖에 없다고 생각합니다. 요즘은 사회가 다원화되어 이해관계가 충돌하는 상황이 많습니다. 앞으로는 소위 조화와 균형이 필요한 사회가 될 것입니다. 그런 역할을 당연히 공공 부문이 해줘야겠지요.

그런데 대부분의 사람들이 공공 기업들에 대해 아주 큰 오해를 하고 있다고 봐요. 이를테면 철밥통이니, 연수만 채우면 정년퇴직까지 별 고민 없이 근무할 수 있고, 그래서 발전이 없는 것 같다, 이런 소리들이죠. 물론 일면 수긍이 가는 내용도 있지만 잘못 알고 계신 것도 많습니다. 그래서 이 책을 쓰게 된 거고, 이런 부분에 대해 이 대표와 허심탄회하게 대화를 나누면 좋겠습니다.

🧑 이종재　네, 취준생들에게 큰 의미를 주는 대화가 되도록 최선을 다하겠습니다. 사회의 트렌드, 젊은이들의 선호 직장이라든가 모든 것이 하나의 흐름을 갖고 있다고 봅니다. 제 경우를 돌아보면, IMF 때 사회 초년생이었습니다. 그때 선배들이 한창 일할 나이인데도 잘리고 그랬죠. 당시 제가 들었던 얘기 중 가장 의아했던 내용은 공부 잘하는 아들이 공대를 가겠다고 하니까 어머니가 "나 죽는 꼴 보고 싶냐?"라면서 결사반대했다는 겁니다. 당시에 이공계를 전공했던 분들이 IMF로 1차 된서리를 맞으면서 안정적인 직업에 대한 소망이 반영된 것이었겠지요. 그래서 대학에서 전공을 선택할 때도 안전이 우선적인 선택 기준이 된 것 같습니다.

취업을 앞둔 학창 시절을 돌아보면 저와 같은 세대는, 고시를 비롯해 공조직에 들어가면 체제에 순응하게 된다는 인식과 함께 고시에 대한 거부감이 조금 있었던 것 같아요. 그런 인식들이 IMF를 겪으면서 또 다른 분위기를 이끌었다고 봐요. 즉 안정적인 직장을 선호하게 됐죠. 이번 코로나19 사태도 이 같은 인식을 더욱 가속화할 것으로 봅니다. '예측 불가능한 세상에서는 어떻게 해야 안정적인 삶을 살지?'라는 질문을 하게 된 거죠. 그런 면에서 취준생들에게 공공 부문이 굉장히 매력적인 직장으로 떠오르고 있는 게 아닌가 합니다.

🧑 조환익　이 대표와는 30년 이상 알고 지내는 후배이지만 존경하는 면이 많아요. 상황을 딱딱 논리적으로 분류할 줄 알고, 그것에 맞는 자기 인사이트를 갖고 있습니다. 나도 유사하게 생각하는 점은 당시 공직이라고 하면 사법고시를 주로 생각했던 것 같아요. 내가 학교 다닐 때는 더했어요. 유신시대였기 때문에 대학 8학기 중 제대로 공부한 학기가 없을 정도로 휴교, 휴강이 빈번했죠. 그런 상황 속에서 고시 공부한다고 하면 심지어 교수도 "너 앞날이 훤하다"라고 비아냥거렸습니다.

그 정도로 배척시하는 상황에서도 공무원이 될 팔자라 그랬는지 결국 시험을 쳤지요. IMF 때 나도 (이 대표와) 똑같은 생각을 했는데요. 이공계 기피 현상이 심했어요. 내가 산업기술재단에 근무할 때, 주요 업무 중 하나가 이공계 캠페인이었어요. 다니면서 "삼성전자 윤종용 씨를 봐라. 삼성에는 공대 출신이 다 자리를 잡고 있지 않냐. 앞으로 바뀌는 사회에서 이공계를 전공해야 미래가 있다" 했더니 한 학생이 이렇게 질문하더라고요. "말씀은 맞지만 그분들은 다 특출한 분들 아닌가요? 골프 친다고 다 박세리 되는 것 아니고 야구 한다고 다 박찬호 되는 것 아니잖습니까?" 학생의 질문에 당황한 적 있는데, 그럴 정도로 공직에 대한 인식들이 계속 바뀌어갔죠.

최근에 사람들의 인식을 바꾸게 한 결정적인 사건은 바로 코로나19라고 봐요. 코로나19 사태를 보면서 참 많은 생각들을 하리라고 봐요. 그래서 이 책을 통해 청년들한테 40년간 공직자로 살아온 인생, 그리고 내가 경험한 사례들을 들려주면서 취업과 생존과 성취에 관한 이야기들을 해주고 미래에 대한 꿈과 희망에 대해서도 말하고 싶었어요. 그것이 앞서 살아온 사람의 사명 아닌가 싶어요.

👤 이종재 기자 입장에서 공직 사회를 30년 가까이 지켜봐왔습니다. 이후 7~8년 동안은 개인적 입장에서 공공기관과 공직 사회를 좀 더 깊이 있게 보는 계기가 됐습니다. 요즘 공공 부문에서 일하고 싶어 하는 젊은이들이 고려해야 할 요소들이 의외로 많아요. 대표적인 게 공공기관의 지방이전입니다. 공공기관의 지방이전은 이미 구체화돼서 주요 부처와 연구기관들이 세종시로 자리를 옮겼고, 100개가 넘는 공공기관도 전국 10개 지방 신도시에 내려가 있습니다.

그런데 지난번 국회의원 선거 때, 여당 대표가 "추가로 이전한다. 그게 사오백 개 기관이다"라는 말을 했어요. 사실 충남의 경우 관련법까지 통과되어 진행되고 있습니다. 지금은 수도 이전까지 거론되고 있는 상황입니다. 대선에 가까워질수록 공공기관의 2차 지방이전이 본격화될 것이라고 봅니다. 정치권에서는 표 얻는 수단으로 지방이전을 거론하지만 공공기관 취업자들은 몇 가지 각오를 해야 할 부분입니다. 막상 직장을 잡고 지방에 근무하면서 "어? 이건 아닌데" 하고 실망을 많이들 하고 있다는 겁니다.

공공기관의 지방이전은 수도권 과밀 해소 방안으로 2007년 노무현 정부 때 법제화해서 실행돼왔는데 의미가 큰 정책 중 하나입니다. 공공기관이 지방으로 이전한 이유 역시 다양한 평가가 가능하겠습니다만 국토의 균형발전이라는 대의명분을 공공 부문 입문에서부터 새겨야 한다는 것이지요.

그러나 현실은 그렇지 않습니다. 현재 공공기관에서 근무하는 분들 중 상당수는 진급이냐, 서울 수도권 근무냐, 선택하라면 대부분 서울 근무를 원한답니다. 특히 자녀들이 중·고등학교에 다니면 대도시에 남아 있고 싶어 하지요. 혼기를 앞둔 직원들의 경우도 지방 근무에 많은 어려움을 토로합니다.

조환익   한국에서 어디를 간다 해도 2시간여 정도면 가능합니다. 오히려 강북에서 강남 쪽으로 넘어가는 시간이 더 걸릴지도 몰라요. 어쩌면 고속철로 서울에서 대구 가는 시간이 더 빠를 수도 있어요. 거리에 대해 그리 겁낼 필요는 없다고 봐요. 그만큼 교통 사정이 좋기 때문에 이젠 공간적 거리감에 관한 생각을 바꿀 필요가 있어요. 심리적 거리감이 문제죠. 제일 고민스러울 수 있는 문제는 아이들 교육 문제라고 봐요.

지방으로 내려가 아이들이 대학도 못 가고 취업도 하지 못한다면 아무리

인센티브를 준다 해도 가족이 함께 내려가려고 하지 않겠죠. 결국 두 집 살림을 해야 하는 상황이 되는 건데, 1차 지방이전 후 많이 노력해서 나아지긴 했어요. 예를 들어 한전 같은 경우는 그곳에 공대까지 만들고 있어요. 한전이 이전한 뒤부터 그 지역의 초등학교, 중학교가 확 달라져 아이들 보내기 시작하고, 완전히 정착해 집을 옮기고 그런 경우도 있거든요. 그걸 정부가 지원해줘야 하는 가장 중요한 부분이고. 그런 점을 여기서도 강조했어요. 이 책은 현상만 설명하는 것이 아니고 주장도 해야 하니까.

다음에는 효율화 문제. 효율성이 떨어진다는 얘기를 많이 하거든요. 'KTX 국장', '업무보고는 전부 카톡으로' 이런 말들도 있고, '금요일은 세종시가 텅 빈다'는 얘기도 있죠. 뭐 이런 것들이 효율성 문제로 연결되는데, 생각을 조금 바꿔야 할 필요가 있을 것 같아요. 네이버는 일주일에 사흘은 재택근무하고 이틀만 회사에 나온다는데…. 이젠 공간 개념을 초월해 '집에서는 일이 안 된다'는 생각에서 벗어나 언택트로 일을 한다고 생각해야 합니다. 그다음에 불필요한 회의, 그동안 얼마나 많았습니까? 편집회의할 때 보면 편집국장의 잔소리 얼마나 많습니까? 나 역시도 마찬가지였고. 침 튀겨가면서 막 이야기하고. 요즘 코로나 때문에 침 튀기면 안 되는데…. 그런 거는 바꿀 때가 되었어요. 나도 나주 내려가서 3년 있었어요.

내가 산자부 차관 때 공공기관 이전을 정부가 처음 결정했던 것 같은데, 그때 한전이 나주로 간다 해서 '한전 망했다'라고 생각했어요. 그런데 내가 거기 갈 줄은 꿈에도 생각 못했지요. 근데 가서 해보니까 '해볼 만하다'는 생각이 들었어요. 효율성도 크게 떨어지지 않았고요. 생활도 괜찮았어요. 서울에 뭐 아파트 놔둬도, 아, 요즘 집 두 채 사면 안 되죠. 교육만 조금 조심하면 괜찮은 것 같습니다. 성공하려면 정부나 지방자치 단체에서 교육, 특히 학교 조성에 신경 써주는 것이 중요할 것 같습니다.

👤 이종재

그런데 이전한 지방에 이주 후에도 좋은 학교가 생기지 않으니까 여전히 지방거주율이 올라가지 않는 게 현실입니다. 저는 공공 부문에 취업하려는 사람들이 두 가지 면에서 인식을 새롭게 해야 한다고 봐요. 하나는 가치관 측면에서 생각해보자는 것입니다.

우선 현실부터 말씀드릴게요. 지방에 본사를 둔 공공기관에 사회적 가치 구현 방안에 대한 강의를 하러 갔는데 진행 부서의 젊은이들 중 결혼한 사람이 10명 중 3명밖에 안 되더라고요. 나이가 꽤 된 것 같은데 결혼을 안 하고 있는 겁니다. 그중 한 여직원이 직장에서 배우자를 만나 결혼을 했는데 '사내 결혼이 가장 이상적'이라고 본인들은 생각한다는 거예요. 그러니까 결혼의 폭이 굉장히 좁아진 거죠. "나이 사십 넘어도 결혼 생각 별로 안 합니다"라고 말하는 젊은이들이 이곳 지방에서는 더욱 이해가 됐습니다.

또 하나는 내년에 아들을 중학교에 보내는 직원의 얘기입니다. 그동안 가족이 함께 살았는데 올해부터 초등학생 아들과 엄마가 함께 큰 도시로 옮겨가는 것을 고민하고 있다는 거예요. 중학교만 돼도 애들 교육을 신경 써야 하니까 이산가족을 불사해야 한다는 거죠. 교육 문제에 대한 해결책이 있어야 합니다. 사실 주요 공공기관이 이전한 전국 혁신도시들은 당초 공공기관 직원들의 자녀들을 위한 중학교, 고등학교를 세우기로 일정 부분 협의를 마쳤는데도 지역 유지들의 반대로 진전을 시키지 못하고 있습니다. 그런 지역이 한둘이 아닙니다. 그래서 "그런 현실은 각오하고 가겠다"라는 생각을 해야 한다는 겁니다.

또 하나는 말씀해주신 가치관 문제의 연장선에서 드리는 말씀입니다. 삶의 질에 대해서도 많은 생각을 해봤으면 해요. 서울, 수도권에서 출퇴근하느라 하루 3시간 이상씩 그 복잡한 전철 속에서 쫓기듯 살 거냐, 아니면 생활비도 적게 들고 삶의 질이 높아지는 지방으로 내려가 살 거냐, 고민을 해야 한다고 봐요. 첫 직장을 잡을 때 문화생활과 결혼 문제 등이 큰 이슈이지요. '내가 강남 삼성동에 위치한 한전에 다닌다는 사실만으로도 주위에 자랑스러웠었는데 막상 나주에 내려가면 이런 문제를 어떻게 극복할까.' 이런 문제를 삶의 질과 연관하겠다는 판단과 각오 그리고 그런 현실에 대한 인식을 분명히 해야 합니다.

물론 이 같은 고민들은 시간이 해결해주는 측면도 있습니다. 최근 주요 지역 혁신도시의 이주율이 조금씩 올라가고 있고 지방 주요 대학에 인기학과가 생겨나기 시작한 현상들은 당초 정책의 목표를 실현하는 과정이라고 봐요. 지방에서 매년 지방 의무 채용 비율을 높이고 있고 한전이 있는 전남 지역 일부 학과는 서울 수도권 최고 학과 못지않은 경쟁률을 보인다고 합니다. 학력 차별이나 지역 차별적 사회 현상들을 해결하는 계기를 공공기관이 서서히 만들고 있는 거죠. 이런 인식이 공공 부문에 종사하는 사람들의 자부심으로 이어질 수 있다고 봅니다.

조환익 포인트를 잘 짚어주셨습니다. 거기서 선택의 문제가 나오는 거죠. "나는 워라밸을 가장 중요한 가치로 생각한다"는 사람들 중에 실제 지방에 이전한 후 "나는 지방이 싫어"라고 할 수도 있고, 또 어떤 사람들은 "다소 불편하더라도 승진을 빨리 해야겠다" 하면서 워라밸보다는 성공 동기를 더 중요하게 생각하기도 하겠지요.

이제는 선택해야 합니다. 분명히 수도권에 살면 생활환경이라든지, 소위 부동산에서의 기회라든지, 또 교육 여건은 좋겠지요. 본사 근무를 포기하든가, 성공은 아무래도 본사가 가장 빠른 지름길이니까 생활 여건이 어렵더라도 가족들이 좀 참으면서 내려간다든지, 고민을 해봐야겠지요. 궁극적으로는 다 비슷해져요. 하지만 선택의 문제죠. 다만 이런 선택을 할 수 있는 데가 공공 부문이라고 생각합니다. 삼성이나 네이버는 개인이 선택할 수 없어요. 회사 이익을 위해서라면 어디든 가야 하는 문화 아닌 가요? 의사결정 구조, 오너와의 물리적 거리가 굉장히 중요하니까요.

👤 이종재　좀 전에 고시 얘기를 말씀드렸는데요. 그래도 돌아보니까 우리 사회에서 단위 조직으로 능력 있는 사람이 가장 집중적으로 모여 있는 곳이 공조직입니다. 고시의 의미, 그건 국가적으로나 사회적으로나 인재가 활동하는 측면에서 충분히 의미가 있다고 봐요. 요즘 벤처기업 등 또 다른 민간 섹터가 창의성, 효율성 등에서 트렌드를 만들어가는 주도 세력이 되었지만, 안정적인 틀을 갖추고 더구나 우리나라의 경우 현재 3%대도 아니고 1%대의 저성장 상황에서는 뭔가 이끌고 가는 것보다는 균형과 조화가 더욱 중요하다는 측면에서 공공 조직을 생각해볼 때가 된 거지요.

2011년도에 뉴욕에서 있었던 '오큐파이 월 스트리트'는 시사하는 바가 큽니다. 자본주의의 본고장인 미국에서 벌어진 양극화 문제여서 굉장히 충격을 받았는데요. 10년쯤 지나 우리나라에서도 그런 논의가 활발해졌습니다. 공직에 대한 중요성, 균형과 조화의 기능이 어떻게 보면 지금 우리나라에 더 중요하다고 봅니다. 생산은 늘 소중한 가치이지만 우리나라 전체로 봐서는 이제 균형의 중요성이 크게 높아졌다는 얘기지요. 저는 시골에서 태어났어요. 그래서 새마을 운동 노래에 깨어나 삽 들고 나가서 길 닦고 그러면서 자랐어요. 그때는 오로지 잘살아보자는 경제적 가치가 최고 아니었습니까. 그러다가 1987년 대통령 직선제를 계기로 개헌도 되고 그러면서 관심은 오로지 민주화로 향했지요. 정치적 가치가 중요했죠.

그다음엔 굳이 연도를 따지면, 촛불시민에 의해 새 정권이 출범한 2017

년, 1987년도부터 2017년까지 정확히 30년이네요. 현 정부에서 내세우는 가장 큰 가치는 공정과 기회 균등, 소위 사회적 가치입니다. 이번 국회의원 선거에서도 나타났지만, 양극화에 대한 반성이라고 봅니다. 40년 신자유주의가 전 세계적 발전을 이끌었다면 그것으로부터 촉발된 결과물은 양극화입니다. 이제 그에 대한 반성이 시작된 것이지요. 2 대 8 사회가 1 대 99라고 주장하는, 어쩌면 롱테일(긴 꼬리, 양극화 심화의 상징)로 가는 그런 세상입니다. "난 분명히 중간 소득층이었는데 30년 지나고 보니 하위층에 와 있네." 이런 인식이 일반화된 거예요.

그렇다면 이 사회에서 능력 있는 사람들이 어느 부문에서 무슨 일을 해야 할까? 저는 조금 더 능력 있는 사람들이 균형과 조화를 위한 일을 하면 좋겠습니다. 능력 있는 사람들의 역할이 중요해졌다고 봅니다. 공직의 중요성, 똑똑한 사람들이 공공 부문에서 많이 일하는 게 지금 시대에는 굉장히 의미 있다고 말씀드리고 싶습니다. 물론 사장님께서는 민간 쪽으로 많은 사람이 가야 한다고 하셨는데, 그 말씀은 큰 골격에서 말씀하시는 것일 테고, 저는 보완하는 입장에서는 이런 말씀을 드리고 싶네요.

🔵 조환익   그렇다고 지나치게 큰 정부로 가는 것도 바람직한 게 아니지요. 국가가, 공공 부문이 빅 브라더다, 이런 건 바람직하지 않다고 생각해요. 결국, 이 대표 이야기와 같기는 하지만 기본적으로 균형이 있어야 하고, 그리고 경제가 발전하려면 이기주의가 큰 동력이 되거든요. 이기주의로 뭔가 새로운 제품과 서비스를 만들어내 돈을 버는 건 민간 부문의 천재와 괴짜들이 해줘야 하고, 그 사람들이 성공할 수 있도록 새로운 생태계를 만들어주는 건 공공 부문이 해야 할 일이라고 생각합니다. 또 지나친 과욕이 기본 생태계를 무너뜨리고, 양극화를 심화하는 상황을 잡아주는 곳이 공공 분야이니까요. 저는 지금도 기본적으로 우수한 인재 7은 민간 섹터로

가고 3은 공공 부문에 남아야 한다는 생각을 해요. 근데 질이 점점 떨어진대요.

이종재 그 이유 중 하나가 지방화가 아닌가 싶습니다. 세종시만 가도 지방이라는 인식에 여전히 꺼려하는 것이 현실입니다. 저는 이 책 내용 중 "공직을 꿈꾸는 사람은 사회적 가치의 의미를 생각해야 한다"라는 말씀에 전적으로 공감합니다. 그런 측면에서 제 생각을 말씀드린 겁니다.

달리 한 말씀 드린다면 공직자들이 갖춰야 할 덕목으로 윤리 문제를 말씀하셨는데, 제가 일부 공공기관 평가 작업에 참여하면서 사회적 가치 부문, 특히 윤리 청렴 경영과 인권 경영을 집중적으로 들여다봤어요. 그런데 윤리 청렴 경영 기준에서 정부가 기관에게 이걸 다 감당하라고 주문하는 건가? 놀랐습니다. 공공기관에게는 평가가 엄청 중요하잖아요. 주문하는 강도가 무지하게 셉니다. 2019년도 경영실적 평가를 2020년 6월 17일에 발표했는데 철도공사와 몇몇 기관들이 2단계 떨어졌어요. 그 이유야 여러 가지가 있겠지만 가장 결정적인 건 윤리 이슈였어요. 사실 저는 공공 부문에서 일하고자 하는 사람에게는 윤리의 덕목이 가장 중요하다고 봅니다.

개인이든 회사이든 또 다른 조직이든 세 가지가 건강해야 지속가능하고 오래간다고 봅니다. 가정도 그렇고 개인도 그렇고 기업도 그렇고 경제적으로 건강하지 않으면 존립할 수 없잖아요. 그런데 요즘 들어 더 중요해진 건 윤리적 건강성이에요. 대한항공 사태에서도 경험했지만 윤리 이슈가 터지면 하루아침에 내려앉습니다. 그래서 이건 배점이 낮아도 정말 중요하다는 생각을 하는 겁니다. 사실 100-1은 99잖습니까. 그러나 윤리 문제에서 100-1은 제로입니다. 한 번 삐끗하면 끝인 거지요. 공공 부문으로 가려는 사람은 그래서 윤리적인 문제에 대해 늘 성찰하고, 사회적으로 어떻게 평판을 쌓아갈 건지 고민해야 한다고 봅니다. 업무나 직장생활에서나 사장님이 지적하신 이상으로 중요하다고 봅니다.

조환익 동의합니다. 그렇다면 공인이 가져야 할 윤리의 개념이 뭐냐? 거의 도덕 군자 수준의, 성직자 수준 정도의 윤리를 가져야 하는 거냐? 과거에 선비의 윤리라는 게 있어요. 한비자 말에 따르면, 백성은 이익을 좇고, 선비는 명예를 좇는다고 했어요. 공명심이죠. 선비는 명예를 좇지만 성직자처럼 지내라는 뜻은 아니거든요. 스님처럼 되라는 뜻도 아니고요. 윤리 이야기할 때 가장 논쟁이 되는 게, 공직에 있는 사람은 누가 사주는 밥을 절대 먹으면 안 되나? 그런 문제가 있거든요.

그런데 오히려 그런 걸 못하게 하는 정부가 양면성을 보일 때가 있지요. 자기는 더 하면서, 그런 경우가 있거든요. 저는 어느 정도 섞여야 한다고 봐요. 예를 들면 김영란 법처럼 굉장히 심한 윤리 기준을 모든 공공 부문에 적용하는 것은 더 생각해봐야 할 여지가 있다고 봐요. 예를 들면 경조사로 받은 부조금의 3분의 1밖에 못 받게 하거나, 또 농촌이나 농수산품을 판매하는 지역에서는 1년 동안 농사짓고 고기 잡아 명절 때 팔아야 하는데 그 가격으로는 절대 안 되거든요. 그런 걸 디테일하게 감안해 판단하는 게 적절한 윤리라고 봐요. 윤리의 개념을 너무 청교도적으로 밀고 나가면 안 된다는 게 내 생각입니다.

어느 정도는 섞이는 과정이 있고 그다음이 공공의 윤리, 비리 문제, 위기론이죠. 재무적 위기는 극복이 돼요. 하지만 사회적 위기, 예를 들어 회사에 대형사고가 났다 하는 건 좀 다릅니다. 과거에 코오롱이 직원들 연수시키다가 눈사태 때문에 무너졌잖아요. 또 한진의 딸 둘이 대형사고를 친다든지 그렇게 국민 정서와 관련된 사고는 매우 나쁩니다. 그래서 조양호 씨가 세상을 뜨신 거고요. 코오롱 사태 때는 수습을 잘했어요. 이웅

렬 당시 회장이 만사를 제치고 나와 피해자가 원하는 것보다 몇 배 이상 보상해주라고 해서 해결된 것이에요.

이종재   위기는 워낙 다원화되어 있잖아요. 요즘 SNS 상황에서는 뭐든 숨길 수 없습니다. SNS가 일반화된 시대에서 위기는 개인이든 조직이든 늘 있을 수밖에 없는데, 어떻게 대응하느냐에 따라 기회가 될 수도 있거든요. 어떠세요? 면접하실 때 인상 깊은 친구들이 있나요?

조환익   씩씩한 친구들이 첫인상이 좋아요. 저는 면접하러 직접 들어간 적은 없어요. 아주 옛날에 산업기술재단 같은 작은 기관에서는 신입사원들이 교육원 들어갈 때 꼭 강의를 해줬어요. 사실은 평생 사장 얼굴 못 보고 지내는 직원들도 많아요. 그런 날은 자세도 흐트러트리지 않고 그러는데 간혹 툭 튀어나와 사장하고 이야기하고 싶어 하는 친구들이 있어요. 그런 사람들과는 이야기도 하고 싶고 그래요. 그래서 "질문할 사람 있어요?" 하고 물어봐요.

이종재   자기 소신, 주관에 대한 말씀이신데, 사실 공무원일 때도 그렇고 공공기관에 계실 때도 그렇고 "저 친구 정말 괜찮은데?" 하는 사람들이 역시 올라가서 부서장 되고 하는, 그런 사람들의 공통된 특징이 있나요?

조환익   나는 의롭고 실력 있고 바른 사람을 굉장히 좋아했는데, 가만히 보니 꼭 그런 사람만을 쓰는 건 정답이 아니더라고요. '육삼일 원칙'이라고 주로 이야기하는데, 6은 일 잘하는 직원, 3은 자기를 기쁘게 해주는 직원, 1은 바보 같은 직원이지요. 끝까지 남아 보호해주는 건 1이죠. 그들은 집사 같은 직원이에요. 머리가 팍팍 돌아가진 않지만 마치 굽은 소나무가 산

소를 지켜주는 것처럼 곁에 있죠. 3은 분석을 좀 해봐야 해요. 아주 머리가 좋아서 좋은 아이디어도 주고 즐겁게 해주는 사람들도 있지만, 완전 아첨꾼들도 있어요. 그런데 살다 보면 3에 마음이 갈 때가 자주 있어요. 예를 들면, KOTRA 사장할 때인데요. 북미의 여러 지역 무역관장 중 한 명이 평소에 평이 좋지 않은데 골프 치고 나서 갑자기 "사장님 퍼팅은 잘하시네요" 하는 거예요. 기분이 확 나쁜 거예요. 퍼팅'도'와 퍼팅'은'은 뉘앙스가 전혀 다르잖아요. '도대체 상황 파악을 못 하는 사람이구나'라고 생각했죠. 그럴 때 나도 인간이니까 확 싫어지더라고요.(웃음) 근데 거기서 "퍼팅'도' 잘하시네요"라고 했으면 마음이 갔겠죠. 다들 느끼고 살겠지만 인간에게는 이런 감정적인 문제들이 많잖아요. 그래서 이 책이 의미가 있다고 봐요. 윤리적인 면만 담을 수는 없어요. 현실도 담아야지. 그래서 "아부도 중요한 상향식 소통 방식이다"라고 책에 썼어요.

🧑 이종재　공공 부문에서 소신 있는 사람과 굽은 소나무처럼 묵묵한 사람의 차이는 뭘까요? 이런 고민하는 젊은이들이 있지 않을까요?

🧑 조환익　어느 정도 시간이 지나면 꼿꼿했던 나무도 아래로 굽어지기도 하고 스스로 상황에 적응하게 돼요. 끝까지 한 가지 소신만 고집하는 사람은 조직에 필요 없다고 봐요. 소신은 어떻게 현실화하고 실천하느냐가 더 중요하지요. 거기서 타협이 생기는 거고 균형을 만들어내는 건데 그런 사람을 잘 발탁하는 게 지도자가 할 일이지요. 면접 얘기 좀 해볼까요?

🧑 이종재　민간기업 면접장에서 "지금까지 살면서 어느 순간이 가장 당황스러웠습니까?" 이런 종류의 질문들이 일반적일 텐데 공공 부문도 같겠죠? 면접관 질문에 순발력을 발휘하려면 다양한 독서를 해야 한다고 생각합니다.

조환익   많은 독서를 하다 보면 지식이 쌓이죠. 평소에는 그런 지식의 쓰임새가 별로 없어 보이기도 하죠. 그런데 어떤 상황이 되면 그동안 쌓아온 지식들이 딱딱 튀어나옵니다. 생각도 많고 아이디어도 많은 사람들 중에 말을 더듬는 사람들이 있잖아요. 너무 많은 생각이 속에 들어 있기 때문이에요. 서로 먼저 튀어나오려고 할 때가 있죠.

이종재   머리가 좋고 사고가 자유분방한 사람들의 공통된 특징이 있습니다. 저도 한 경우를 말씀드리자면, 이분은 30분 인터뷰하는 도중에는 말이 이어지지를 않아요. 하지만 끝나고 나서 재정리하면 수미일관 잘 통해요. 정리된 것을 요령 있게 쏟아내는 것도 공직 입문 과정에서 필요한데, 저는 그 전제는 변할 수 없는 인성에 대한 고민이라고 생각해요. 결국 윤리, 청렴과도 연결되는 것이고요. 그 해답은 역시 풍부한 독서에 있지 않나 싶어요.

조환익   김종인 씨가 경제수석할 때 나는 그 밑에서 일했는데 그 양반이 하신 말씀 중 제일 좋은 게 "결국은 지식이 있어야 한다. 지식을 얻는 가장 값싼 방법은 책을 읽는 것이다. 아니면 남의 이야기를 들어야 하는데, 그러려면 술을 먹거나 돈을 주고 강의를 들어야 한다. 그러니 책을 읽어라"라는 내용이었어요. 그분이 80이 넘어서도 쓰임이 있는 건 독서의 힘이라고 생각해요. 지금도 러시아 혁명사 이런 걸 한국과 대조해서 쫙 설명해내는 그런 지식이죠. 그리고 사례를 많이 끄집어낼 수 있고요.

이종재   사례도 역시 경험에서 나오는 건데, 젊은이들이 경험이 얼마나 되겠어요. 그래서 간접 경험을 할 수 있는 독서의 중요성을 언급하는 거지요.

👤 조환익   기자생활할 때 수습기자들 면접하고 테스트하는 경우가 많이 있었을 것 이라고 봐요. 그때 어떤 점을 중요시했어요? 공공 부문과 언론은 비슷한 시각이 있을 텐데 그 부분에 관해 말씀 좀 해주시겠어요?

👤 이종재   사실 시각을 묻는 질문이 많거든요. 요즘 언론들은 이념적으로 많이 갈 라져 있지만 얼마나 비판적이냐 이런 걸 높이 봅니다. 질문했을 때 이분 법적으로 진보냐 보수냐 이런 것보다는 어떤 답을 하든 자기 소신과 철 학이 분명히 있는 사람을 눈여겨봅니다. 한 번 질문하고 두 번 질문했을 때 답변이 끊어지지 않는 사람이죠. "이런 일이 있잖아"라고 했을 때, "그 건 이렇게 생각합니다"라고 당당히 답변하는 일관성도 있어야 하고요. 진보냐 보수냐 하는 거랑은 다른 차원이죠. 나중에 그런 사람이 부장이 되고 그런 건 또 다른 문제이지만, 초기에는 소신을 보여주는 게 중요하 다고 봅니다. 그 바탕에는 지적 기반도 당연히 있어야 하고요. 얼마나 사 례를 다양하게 드느냐가 배점에 플러스, 마이너스가 되죠.

앞에서 말씀하신 오해와 진실에 관해 몇 가지는 좀 더 부연 말씀해주셔 야 공공 부문에 관심을 보이는 젊은이들에게 보다 정확한 현실을 전할 수 있을 것 같습니다. 사장님께서 공직을 가리켜 철밥통이니 하는 말이 반쯤은 맞다는 요지로 말씀하셨는데 저는 '전적으로 맞는 말'이라고 봅니 다. IMF 때도 그렇고 현 코로나19 상황에도 그렇고 위기를 맞을 때마다 민간 부문의 타격은 직접적입니다.

하지만 공공 사이드에서는 최소 밥그릇 날아가는 일은 거의 없습니다. 불안이나 박탈감 등은 사실 상대적이라고 봅니다. 시속 100킬로미터로 달리는 차 안에서 120킬로미터로 앞지르는 옆 차를 보는 순간 마치 자 신의 차가 뒤로 밀리는 것 같은 느낌이 드는 것과 같은 의미이지요. 그리 고 정권이 바뀔 때마다 반복되는 기관장 교체는 공공기관에 기대를 갖고 있는 후배들에게 반드시 설명돼야 할 선배들의 숙제입니다.

🧑 조환익   '철밥통'이란 표현도 어찌 보면 상대적인 것이지요. 물론 민간기업의 간부급은 실적을 반드시 올려야 하고 그렇지 못할 경우 오너가 오래 참아주지 않습니다. 계속 실적을 못 올리면 결국은 스스로 거취를 결정해야 한다는 면에서 볼 때 그렇겠지요. 공공 부문은 이런 거로 잘릴 가능성이 적기 때문에 철밥통이란 표현이 맞을 수도 있어요. 그러나 이것은 어디나 간부급 이야기입니다. 노조에 가입된 민간기업의 일반 직원과 초급 간부급은 고용 안정성으로 보면 오히려 그들이 철밥통이에요. 정리해고는 말할 것도 없지만 징계, 해고도 쉽게 할 수 있습니까? 근무지 이동, 작업장 이동까지 노조와 사전상의를 해야 하는 게 민간기업들의 현실이라는 걸 이 대표도 잘 알고 있지 않습니까?

그리고 정권이 바뀔 때마다 이루어지는 기관장 교체에 대해 말씀해주셨는데, 이제는 이런 관행이 좀 바뀌면 좋겠다는 의견에는 동의합니다. 장관이나 수석비서관급 공직자들은 친정부를 새로 구성하는 것이니 바뀌는 것이 당연하다고 봐요. 그래도 상징적으로 능력 있는 한두 명 정도는 남겨두면 교체기 정부의 안정성도 있고 국민이 보기에도 멋있어 보일 텐데…. 공기업이나 공공기관 대표는 원칙적으로 임기보장을 해줘야 한다고 봅니다. 기본 원칙은 보장이고, 예외로 무능과 비리 등으로 객관적 평판이 아주 좋지 않은 몇 사람 정도만 교체하는 게 선진국의 모습 아닐는지요.

PART 2

공직의
길을 걷다

공직자로 산다는 것

의식부터 재무장하라

치열한 경쟁을 뚫고 합격 통보를 받은 공무원 임용 후보자나 공공기관 예비 합격자는 통보를 받는 순간 '취준생'에서 '공인'의 신분으로 바뀌게 됩니다. 민간기업에 채용되는 것과는 많이 다른 감회를 느낄 것입니다. 취업의 기쁨과 동시에 갖게 되는 것이 '공인 의식'입니다. 자부심과 부담감입니다. 주위의 시선도 달라집니다. 옛날로 보면 '벼슬'을 한 것입니다. 특정 정부기관이나 공공기관에 소속되는 직원이지만, 다른 한편으로는 국가를 움직이는 거대한 공공 부문의 일원, 즉 대한민국에서 규모나 영향력 면에서 가장 큰 집단의 한 부분을 담당하는 공인이 되는 것입니다. 따라서 생각과 품행, 그리고 대인관계가 이에 맞춰 바뀌어야 합니다. 철저한 극기와 자제가 우선적으로 요구되는 덕목입니다.

합격한 기분에 만취해 실수라도 하면 그 사실은 즉각 관련 기관에 통보되고 심지어는 합격 취소까지 감수해야 할 정도로 엄한 대가를 치러야 합니다. 앞으로 바르게 살면서 자신보다는 '모두'를 위해 일하며 살겠다는 각오를 해야 할 것입니다. 그렇다고 공인의 삶이 고난의 수행자처럼 괴롭고, 성직자처럼 건조한 것만은 결코 아닙니다. 민간 부문에서 일하는 사람들과 똑같이 즐겁고 행복하게 살 권한이 있는 것입니다. 또 국가는 많은 프로그램으로 삶을 풍요롭게 해주려 노력합니다.

침대에 몸을 맞춰라

공무원과 공공기관 직원의 기나긴 인생 경로는 좀 다르긴 하지만 첫 번째로 반드시 거쳐야 할 공통 과정이 있습니다. 그것은 바로 '교육'과 '실무 연수'입니다. 공공 부문의 교육과 실무 연수의 과정은 한마디로 '공인의식 고취'와 '정형화'의 과정이라 생각합니다.

그리고 또 한 가지 '경쟁의 시작'이란 의미도 있습니다. 그래서 교육 방식도 30년 전이나 지금이나 크게 달라진 것이 없는 것 같습니다. 특히 공무원 교육원의 경우는 국가관, 공직 윤리규범, 행정 절차, 교양과 상식, 보고서 작성법 등에 관련한 내용들이 지루하게 진행됩니다. 물론 현장 시찰 등의 프로그램도 들어 있긴 합니다.

공기업이나 공공기관의 경우는 조금 다릅니다. 특히 공기업은 글로벌 경쟁을 해야 되기 때문에 지속적인 혁신이 필요합니다. 그래서 실무 지식과 교양, 상식에 대한 주입식 교육도 만만치 않은 비중이지만, 회사가 생산성을 올리고 수익을 내는 동시에 최상의 공공 서비스 품질로 민간 부문과 경쟁할 수 있는 데 필요한 교육 프로그램도 운영됩니다.

그래도 기본적으로 '침대에 몸을 맞추는 첫 과정'의 의미가 큽니다. 정형화의 과정입니다. 소속감이라는 프라이드를 심어주는 대신 기발함과 파격적인 면에서 너무 튀지 않고 모나지 않게 해주려는 것입니다. 물론 공공 부문에서는 명령 체계와 일사불란한 응집력 같은 것이 공무 수행 과정에서 필수적인 사항인 것은 부인할 수 없지만, 디지털 전환 시대에 공공 부문도 개인의 창의성을 발휘할 수 있도록 비중을 조금 더 크게 둬야 할 것 같습니다. 그래서 한때 중앙 공무원 교육원장으로 패션 유통 업체 CEO를 영입해 여러 가지 시도를 한 적이 있었습니다만 얼마나 크게 달라졌는지는 잘 모르겠습니다.

입사 동기 잊지 마라

교육기간 중 무엇보다도 가장 공을 들여야 할 것은 '좋은 동기 찾기'라고 생각합니다. 대체로 2개월 남짓 되는 교육기간은 입사 동기들이 한 장소에서 만나는 평생 유일한 기회입니다. 더구나 숙식을 같이하니까 자연스럽게 친해지는 계기가 됩니다. 입사 동기들은 평생을 같이할 친구이자 직장생활의 조력자이자 늘 경쟁해야 되는 라이벌이 될 수도 있습니다. 한 기수에서 실제로 경영층에 속하는 임원이 될 확률은 5%도 안 되기 때문에 동기는 평생 최소 4~5회 정도 치열한 접전을 해야 하는 숙명적 관계입니다.

입사 후 10년 정도 되면 입사 동기 간에 신분과 성공 가능성 면에서 차이가 생기고 20년 후면 돌이킬 수 없을 만큼 격차가 생깁니다. 30년 후 퇴직을 앞둔 상황에서는 이러한 차이에 순응하고 팔자로 받아들이게 됩니다. 동기 간은 경쟁도 하지만 서로 끌어주고 업무상 따지지 않고 도와주는 최대의 우군이 될 수도 있습니다.

나도 중앙 공무원 교육원에서 117명의 공무원 채용 고시 동기들과 약 2개월간 교육을 받았습니다. 동기들 중에서 늘 주변에 사람이 몰리는 이가 있었습니다. 제일 인기 있는 사람은 물론 정보가 빠른 사람입니다. 교육이 끝난 후 정부의 어느 기관으로 배치되느냐는 모두에게 초민감 사항이기 때문에 이와 관련된 정보를 많이 갖고 있는 사람 주변에는 늘 사람들이 꼬입니다. 둘째는 '밥 잘 사주는 형'입니다. 대체로 다른 곳에서 직장생활을 하다 온 사람들이 이 유형에 속합니다. 아무래도 사회에 먼저 나와 경험을 했기에 대인관계와 처세에 조금 더 능숙한 사람들입니다. 직장생활을 할 때는 이렇게 다양한 인적 네트워크가 큰 힘이 되어줍니다. 소양 교육의 마지막은 뮤지컬, 경연, 연극 등을 통해 서로의 끼도 발견하고 협동심, 동지애를 나누기도 합니다.

전문성이 생명이다

요즘 공공기관, 공기업의 교육 방식은 과거의 주입식 교육보다는 온라인으로 과제를 사전 공부하고 강의를 듣고 토론을 통해 터득해가는 '플립 러닝Flip Learning 방식'을 많이 택한다고 합니다. 2~3주간 최초의 기본 소양 교육은 조직사회에 길들이기 위한 과정으로 '군기'도 매우 셉니다. 어떤 경우에는 군대식으로 아침, 저녁 점호를 취하기도 하고, 침구 정리 등도 훈육관들이 점검해 평가 점수를 매깁니다. 기본 소양에 대한 점수와 복무 교육 점수 등이 합산되어 교육 성적 석차가 정해지고 그 석차는 부서 배치 과정에서 희망하는 곳으로 가는 데 결정적 역할을 합니다. 한 공기업 연수원장에게 교육기간 중 교육생들에게 공인으로 공공기관에서 평생 간직해야 할 메시지로 어떤 걸 전달하느냐 물어보았습니다. 그는 이렇게 대답했습니다.

"첫째는 '큰 조직사회 내에서 나 하나쯤이야 한 번쯤 일탈 행위를 해도 눈에 띄겠나' 하는 생각을 절대로 가져서는 안 된다고 말해줍니다. 공인이 되면 어디서든 지켜보는 눈이 있고, 한 번의 과오라도 공공의 세계에서는 그 실수를 만회하기 위해 그야말로 비상한 노력을 하지 않으면 안 되기 때문입니다.

둘째는 전문성을 갖고 아주 작은 분야라 해도 그곳에서 독보적 존재가 되라고 말해줍니다. 지역 전문가가 되든, 재생 에너지 전문가가 되든, 또는 감염병 전문가가 되든 한 분야의 지식을 평생 축적해 유사시 다른 사람으로 대체하기 어려울 정도의 경지에 오르면, 점차 공공 서비스의 전문화 추세에서 최종 승리자가 될 것입니다. 그리고 그 분야는 교육기간 중 마음속에 넣어두라고 조언을 합니다.

셋째는 다양한 분야의 사람들을 사귀라고 합니다. 앞으로 공공 분야는 전문성과 네트워크가 일의 성패를 좌우할 것이기 때문에 업무와 연관된 분야의 사람들을 얼마나 많이 아느냐가 역시 중요합니다. 그들의 생각을 흡수하고, 균형된 시각을 갖고, 네트워크를 맺음으로써 업무적 협조를 얻어낼 수 있기 때문입니다. 또한 공인으로서 맞닥뜨릴 수 있는 위기를 극복할 때 큰 힘을 발휘할 수 있습니다. 특히 공공 부문 종사자들은 언론계, 시민단체 인사들과 평소에 우호적 관계를 맺어두면 좋습니다."

눈물의 배지 부착식

이렇게 해서 기본 소양 교육이 끝나면 발령장 수여와 회사 배지 달아주는 수료식을 맞게 됩니다. 부모님들이 참석한 가운데 사장이나 노조위원장이 새로 조직의 일원이 된 교육 수료자 한 명 한 명에게 직접 배지를 달아줍니다. 이때 대부분은 평생 잊지 못할 감동을 느낍니다. 이 순간을 위해 그동안 열심히 정진해왔고 실패와 좌절의 순간도 생각나고, 힘들 때 포기를 하지 않은 것이 너무나 잘했다는 생각도 들고, 부모님 등 감사드려야 할 분들도 떠오릅니다.

내가 배지를 달아주면서 제일 감동했던 장면은 정말 7전 8기로 공기업에 들어온 사람이었습니다. 민간기업에 다니다 '나는 좀 더 보람 있는 공익적 일을 하고 싶다'는 생각으로 회사에 사표를 내고 공기업 취업 시험을 준비했다 합니다. 이미 결혼도 했고 아이도 있는데 일곱 차례나 불합격하고 여덟 번째에 합격 통보를 받고 드디어 사장으로부터 배지를 부착받는 순간을 맞이했으니 그 감회는 말할 것도 없었을 것입니다. 본인도 눈물이 글썽했고 배우자도 손수건을 꺼내 눈물을 닦는데 이제 초등학교 들어간 딸이 아빠한테 엄지 척을 해주는 장면은 영원히 잊지 못할 것 같습니다.

이로써 입사 동기들은 발령장에 적힌 근무지를 찾아 전국으로 흩어지고 때로는 퇴직할 때까지 동기들을 한 번도 못 보는 경우도 있습니다. 어떤 공기업은 발령지에서 3~4개월 실무 수습을 하게 하고 다시 직무역량 교육을 진행하는 경우도 있다 합니다.

각 공기업마다 다양한 교육 과정이 있겠지만, 공무원 배지나 공공기관 배지를 다는 순간 '공공 부문의 입문'은 끝나는 것이고 그때부터 적응, 생존, 경쟁의 과정으로 들어갑니다. 다시 한 번 강조하면 입문 단계에서부터 간직해야 할 사항은 '공인 의식', '전문성' 그리고 '네트워크'라고 정리하고 싶습니다.

관계와 축적의 시간

공공 부문이든 민간 부문이든 첫 보직 첫 출근에서부터 관계와 축적의 시간은 시작됩니다. 특히 공공 부문 종사자는 민간 부문과 비교할 수 없을 정도로 다양하고 복잡한 사회적 관계를 맺고 풀어나가야 하는 숙명을 피할 수 없습니다.

민간기업은 조직 내의 인간관계와 정해진 시장 그리고 고객에만 충실하면 되지만, 공공 부문은 국민이라는 불특정 다수를 접해야 하고 국회, 정부, 언론, 시민단체 등 천적들과 관계하면서 살아야 됩니다. 국민 정서도 살펴야 되고 여론의 동향 등도 가볍게 보면 안 됩니다. 우선 첫 보직 발령을 받으면 공조직의 문화와 인간관계에 적응하는 것이 첫 번째 관문이 됩니다.

신입사원 길들이기

정부나 지방자치단체뿐 아니라 공기업이나 공공기관에서도 신입 직원의 첫 보직은 대부분 일선 현장입니다. 생소한 지방 근무도 각오해야 됩니다. 그곳에서 신참들은 최일선에서 민원처리하는 일부터 배우게 됩니다. 이때부터는 교육 수료식과 배지 부착식 때의 감동과 영광스러움을 몽땅 반납해야 됩니다. 조금이라도 빨리 잊는 것이 현장 적응의 첫 단계가 되는 것입니다. 피라미드의 밑바닥에서 상사들의 먹잇감이 될 수 있다는 생각도 해야 합니다.

조직 현장 어디에나 '터줏대감'은 있기 마련이고, 그들은 공기업 같으면 평생 한군데에서 주로 근무한 노조 간부들일 경우가 많습니다. 공무원이나 공기업의 경우, 부서의 책임자는 2~3년 지나면 교체가 되지만, 그 지역에서 태어나 거의 그 근무지에서 벗어나지 않고 고위직 승진도 포기한 중간 간부급들이 신참들에게 실세 노릇을 하는 경우가 많습니다. 대부분의 고참들은 나이도 지긋하고 공인 의식도 투철하며 신임들에게 맏형 같은 마음으로 따뜻한 분위기 속에서 일과 삶에 대한 조언을 해줍니다. 이들이 '신참'들에게 첫 번째 멘토가 되고 공인으로 빨리 적응하는 데 매우 그럴듯한 가이드라인도 알려줍니다.

그러나 또 다른 면이 있습니다. 꿈과 의욕이 넘치는 신참들의 생각을 관행의 틀에 맞추려 한다는 것입니다. 다정한 격려와 친절한 안내는 더러 그들이 짜놓은 프레임 속에 순응하라는 은근한 압력으로 다가오기도 합니다. 튀지 말고 과욕 부리지 말고, 윗사람 말 잘 듣고 지시받지 않은 일은 나서서 하지 말라는 것입니다. 칼퇴근은 필수이고 가끔 가기 싫은 회식 자리에도 참석해야 합니다. 그러지 않으면 '왕따'의 길로 갈 수도 있습니다. 공공 부문의 일은 정해진 규정과 관행대로만 하면 된다는 '경로 의존성'을 무의식중에 가르치고 공연히 앞서가려다가 사고를 내거나 연공서열적 인간관계를 해치면 다친다는 사실을 슬쩍슬쩍 세뇌시킵니다.

상당히 많은 신참들은 이런 과정에서 실망과 좌절 그리고 공공 부문의 한계를 느끼고, 적응의 기술을 배웁니다. 그러나 적지 않은 신참들은 적절하게 적응하면서 이 기간에 자기계발을 하고 업무 성과를 내는 데 최선의 노력을 합니다. 고참들 눈에 다소 거슬린다 해도 성실하고 예의 바른 신참에게 계속 시비를 걸 수는 없는 것입니다.

나도 아주 오래전이지만 공무원 생활을 시작할 때 아무런 연고가 없는 충북 옥천에서 실무 수습을 몇 달 한 적이 있습니다. 당시 나이가 많으셨던 계장님이 시시콜콜한 참견을 하도 많이 하시고 저녁때마다 술자리에 데리고 다니셔서 한 번 크게 다툰 적이 있습니다. 다음 날 아침에 출근하니 어른한테 공경심이 없고 공무원 조직에 어울리지 못하는 거만한 성격이라는 소문이 순식간에 군청 내에 쫙 퍼져 있었습니다. 당연히 수습 평가 성적도 좋을 리 없었고 나는 참지 못하고 다툰 걸 무척 후회했습니다. 그 경험은 그 후 내 공공의 삶에 '인내'의 중요성을 각인해주었습니다.

그러니 신참들은 어떤 경우에도 소위 그 조직의 실세들과 목숨 걸고 다투지 마십시오. 나중에 큰 판에서 보람 있는 일을 할 때 싸울 일이 많습니다. 관행을 무조건적으로 따를 필요는 없지만, 예의와 겸손은 어떤 경우에도 잊어서는 안 됩니다. 나는 그런 경우를 많이 겪었지만, 아무리 정당한 항의라 해도 거칠게 하면 손해입니다. 한국의 말 많은 공공 사회에서는 데뷔할 때의 첫 이미지가 매우 중요한데 '싸움' 잘하는 신참이라는 이미지는 오래갑니다. 특히 첫 번째 근무지는 직장인으로서 많은 의미가 있습니다. 제2의 고향 같은 생각이 들 때도 있고, 귀거래사같이 훗날 승진을 해서 다시 귀임해보고 싶은 곳이기도 합니다. 어떤 경우에는 첫 보직 장소에서 배우자를 만나는 행운을 차지하기도 합니다. 첫 보임지에서는 현실에 적응하는 방법도 익혀야겠지만 앞으로 계속 정진해야 될 전문 분야를 찾고 지식과 경험을 쌓기 시작하는 시간을 마련하기 바랍니다. 그리고 아름다운 사람들과 좋은 추억도 많이 만들면 좋겠습니다.

인간관계는 네 가지 'ㅁ'이다

　첫 번째 보직기간은 단순한 시행착오나 실수도 주위에서 이해를 해주는 교육, 연수 과정의 연장 기간이라고 생각해도 됩니다. 그러나 이 시기가 지나면 스스로 판단하고 결정하고 행동해야 하는 '조직의 성인'이 되어야 합니다. 이쯤에서 오래전에 고인이 되신, 공직의 선배한테 들은 이야기를 공공 부문에 들어와 생존과 성공을 위해 분투하는 미생들에게 들려주고 싶습니다.

　인간관계는 네 가지 'ㅁ'을 실천하면서 발전하는 것입니다. 이는 꼭 공공 부문에만 적용되는 게 아니고 모든 직장 내 관계에서도 마찬가지입니다. 첫 번째 'ㅁ'은 만나야 된다는 것입니다. 형제지간이라도 안 만나면 남만 못한 관계가 됩니다. 코로나 정국인 요즘도 만남이 가장 효과적인 것인지는 모르겠지만 가장 강한 소통 방식입니다. 동료도 자주 만나고 상사도 찾아뵙는 노력을 하며 낯선 감정을 최소화해야 합니다. 물론 코로나19로 인해 사회적 거리 두기와 언택트 사회가 조성되고 있지만 이러한 와중에도 '만남'은 다양한 방식으로라도 이어져야 합니다. 예를 들면 통화를 할 때 상대방이 동의한다면 가급적 얼굴을 볼 수 있는 영상 통화를 하는 것도 좋은 방법이 될 것입니다.

　둘째 'ㅁ'은 먹어야 한다는 의미를 담고 있습니다. 공식적인 만남이 필요할 때도 있지만 때로는 같이 식사를 하고 한잔하며 함께 밥상 앞에 앉았을 때 대화는 더욱 풍성해지곤 합니다. 동료들과의 불편함도 식사 한 번 같이하는 것으로 다 씻어버릴 수 있습니다.

셋째 'ㅁ'은 말하기입니다. 한 사무실에서 하루 종일 같이 근무하면서 아무 말도 하지 않을 경우 그 무거운 분위기를 어떻게 감당하겠습니까? 편안하게 다가오는 품격 있는 대화의 소중함은 아무리 강조해도 지나치지 않습니다.

넷째 'ㅁ'은 '만지다'인데 어감상 좀 이상하게 들릴지도 모르지만 가벼우면서도 정다운 스킨십을 말하는 것입니다. 좋은 일 있을 때 '하이 파이브'를 한다든지, 상대가 힘들어할 때 살짝 허그를 해준다든지, 상사가 부하를 격려하거나 칭찬할 때 어깨를 가볍게 두드려주는 행위입니다. 무엇보다 제일 소중한 '만짐'은 서로의 마음을 '어루만짐'하는 것입니다. 만짐은 자기 사람 확실히 만드는 결정판이기도 하지만 요즘은 상대가 원치 않는 물리적 터치는 여러 가지로 이유로 조심해야 할 것 같습니다. 인간관계의 이 모든 'ㅁ'이 요즘 코로나로 인해 극도로 절제되어야 하니 아쉽습니다.

공공 부문에서 인연이란?

정부, 지방자치단체 또는 공기업 등 공공기관에서의 지연, 학연은 민간 부문보다 강하게 작용하는 게 현실입니다. 특히 많은 공공 조직에서 특정고 출신이 세력화되는 경우가 종종 있어 갈등의 원인이 되기도 합니다.

그러나 공공 부문에서 제일 오랫동안 끈끈하게 이어지는 인연은 업연이라고 봅니다. 몇 년 선후배, 한 팀에서 선임과 신참 관계로 같이 일한 인연, 일하면서 눈여겨본 후배 등이 있습니다. 특히 선배가 직접 성실성과 능력을 확인한 후배를 발탁하고 추천하는 것이 가장 공정하고 아름다운 인연의 모습입니다. 그래서 신입사원들에게는 부장님이나 이사님, 공무원들에게 국장님 이상의 상사는 별로 중요한 존재가 아니라고 봅니다. 역세권에 있는 몇 년 선배나 직상급자들과 특히 잘 지낼 필요가 있습니다. 이들은 어려움이 있을 때 실질적 도움을 기대할 수 있는 존재들입니다. 큰 조직에서는 '줄서기'가 필요악처럼 늘 논란이 됩니다. 각종 인연이 있는데 어떻게 줄을 안 설 수 있을까요? 줄 서십시오. 다만 한 줄만 서지 마십시오. 한 세 줄쯤 서십시오. 그렇다고 기회주의자라고 그러지 않습니다. 괜찮습니다.

불편한 상사 사용법

공기업 등 공공기관에서는 인사 때가 되면 투서가 난무하고 음해와 모함도 만만찮습니다. 평소에 두루뭉술, 무해무덕하며 적을 만들지 않고 누구에게나 호감을 주면서 능력까지 있는 사람은 거의 없습니다. 성취욕이 강한 사람은 아무래도 적을 만들 수밖에 없습니다. 특히 경쟁이 되는 동료들 중 머리 아프게 하는 사람들이 있습니다. 사사건건 반대하고 다니고, 뒷담화 많이 하고, 빈틈만 있으면 후벼 파는 고약한 사람들입니다. 그런 동료들에게는 똑같이 대하지 말고 한 번쯤은 편을 들어주라고 말하고 싶습니다. 그 사람이 토론 과정이나 상사 앞에서 완전히 코너에 몰려 있을 때 "저는 저 사람 이야기도 일리가 있는 것 같아요"라고 하면 그 순간 절반쯤 마음을 열게 되는 것입니다. 조금 순진한 발상일까요? 그래도 한번 시도해볼만 합니다.

다음은 미생들이 제일 힘들어하는 불편한 상사와의 관계입니다. 내가 정부에 들어간 지 몇 년 안 되었을 때입니다. 과장님이 그렇게 나를 힘들게 하셨습니다. 보고만 하면 트집을 잡고 보고서를 수십 번 다시 쓰게 하고 심지어는 "저런 머리로 어떻게 공무원이 되었지?" 하는 모욕도 주시곤 했습니다. 과장님이 이곳저곳 누더기처럼 손을 댄 보고서를 가지고 차상급자인 국장실에 들어가면 완전히 내가 처음 작성한 대로 다시 고치라는 지시를 듣고 나만 엄한 매를 맞고 나오곤 했습니다. 그렇게 부글부글하던 차에 술 좋아하는 그 과장님이 술자리에서 또 모욕적인 꾸중을 했고, 나는 술김에 "도저히 못 해먹겠으니 사표 쓰겠다"라고 소리를 지르고 뛰쳐나왔습니다. 정말로 다음 날 아침 사표를 썼습니다. 옆자리 선배에게 사표 제출 의사를 비췄더니 그래도 조금만 참았다 내라고 했습니다.

그렇게 해서 한 달 동안 과장님과 한마디도 안 하고 보고할 자료가 있으면 책상 위에 아무 설명 없이 올려놓았습니다. 그 까다롭던 과장님도 말씀이 없었습니다. 그리고 보고서는 아무 말이나 시비 없이 사인을 해서 내려주곤 했습니다. 그러던 어느 날 선배가 내게 "지금 괴로운 사람은 네가 아니고 과장님이다. 네가 용서하고 화해를 청하라"며 충고를 했습니다. 나는 과장님에게 세상에서 가장 퉁명한 말투로 "막걸리 한잔 사주세요"라고 했고, 그때 그분의 그 환했던 표정을 지금도 잊을 수가 없습니다. 그분은 정말로 저보다 더 괴로운 시간을 보내신 것입니다. 그 후 그분과 저는 아주 편한 사이가 되었고 멘토가 돼주셨습니다.

직장에서 인간관계가 제일 필요한 사람은 톱리더이라고 봅니다. 늘상 방에 갇혀 외롭고 답답한 시간을 보내야 합니다. 상사와의 관계는, 올라갈수록 외로운 존재인 상사의 마음을 꿰뚫고 들어가야 성공합니다. 그것을 '보스 매니지먼트Boss Management'라고 합니다. 상사 머리 꼭대기에 올라간다는 의미입니다.

상사의 마음을 읽지 못해서 결국 사표를 낸 사연이 있습니다. 바로 내 이야기입니다. 정부 내에서 꽤 고위직에 올라가 있을 때인데 최고 상사에게 방송 출연 제의가 오자, 내게 정책 설명을 하라 했습니다. 그래서 정성껏 대담자료를 만들어드리고 방송 출연 대담 과정도 스튜디오에 들어가서 보았습니다. 내 느낌은 썩 잘했다 하기도 그렇고 못했다 말하기도 애매한 상황이었습니다. 녹화가 끝나고 상사가 나오면서 "어땠어?"라고 물었고, 나는 간략히 "수고하셨습니다"라고 대답했습니다. 눈치를 보니 표정이 별로인 것 같았습니다. 상사는 다시 내게 물었습니다. "그래서 어땠냐니까!?" 나는 당황해서 "예, 고생하셨습니다. 빨리 들어가 쉬십시오"라고 했습니다. 그랬더니 상사는 찬바람을 쌩 내면서 차를 타고 떠났습니다. 그 양반이 듣고 싶었던 이야기는 "어쩜 그리 잘하셨습니까? 수고하셨는데 어디 가서 맥주 한잔 모시겠습니다"라는 말이었던 것 같습니다.

그분 입장에서는 얼마나 하고 싶은 말이 많으셨겠습니까? 나는 보스의 마음을 꿰뚫어보지 못했고, 보스에게 나는 그런 것도 읽지 못하는 센스 없는 간부였을 것입니다. 그 후 한 달 이상 상사가 내게 눈길도 주지 않는 냉랭한 시간을 보내야 했습니다. 나는 그러지 않아도 공직을 그만두고 싶은 마음도 있었기에 사표를 냈고 사표는 즉각 수리되었습니다.

저의 일생일대의 사건이었습니다. 그래서 제 인생은 그 후 완전히 바뀌고 시즌2를 맞게 되었습니다. 상사가 부당하면 한번 치받아도 좋습니다. 공공 부문에서는 민간기업과 달리 직언했다고 잘리지 않습니다. 그렇지만 한편으로는 상사의 스트레스도 이해하고 위로의 말도 건넬 줄 알아야 합니다. 그것이 다소 아부면 어떻습니까? 사실에 기반을 둔 아부는 매우 소통력이 큰 상향식 커뮤니케이션입니다. 지위가 높아질수록 방에 갇혀 있는 시간이 많아지고, 비서나 수행원도 다 감시자처럼 느껴지면서 외로움이 커져갑니다.

마침표 없는 축적의 시간

사회적 동물인 인간은 태어나서 생을 마감할 때까지의 모든 시간이 축적의 시간입니다. 정보, 지식, 지혜, 능력, 부 그리고 평판과 네트워크 등을 쌓아가면서 한편으로는 이것들을 소실하기도 하고, 새로 축적하기도 합니다. 공공의 세계에서 가장 소중하게 생각해야 할 사항은 '평판'이라고 생각합니다. 좋은 평판은 성공의 지름길이고 나쁜 평판은 몰락의 길입니다. 평생 공을 들여 쌓은 실력과 업적에도 불구하고 스캔들에 휘말려 공공의 영역에서 퇴출된 경우를 우리는 자주 봅니다. 사람들은 공공의 문을 통과할 때 너무나 많은 공력을 들였기에 일단 입문하면 공부의 줄을 놓아버리는 경향이 있습니다. 공공 부문의 일은 고도의 지식이 필요한 분야가 아니고, '건전한 상식'만 있으면 꾸려나갈 수 있다는 얄팍한 생각 때문입니다. 그래서 시험 한 번 잘 보고 들어가면 평생이 보장된다는 비아냥을 듣게 되는 것입니다.

사실은 공공의 문을 통과할 때부터가 중요합니다. 공공의 문으로 들어서기 위해 공부한 지식과 요령들은 이 조직에 들어와 조금만 지나면 별로 큰 의미가 없습니다. 수험 공부하듯 쌓아둔 행정학이나 경제, 경영 분야의 지식들은 실제 업무를 하면서 거의 활용할 기회가 없고, 실상은 배운 것과 반대였다는 이야기를 들은 적도 있습니다. 공공 부문에서 일할 때 필요한 것은 균형되고 조화로운 종합적인 사고라고 생각합니다. 국가의 이익과 소속된 조직의 이익, 그리고 민원인 등 각각의 입장이 늘 같은 것이 아닙니다. 공공의 서비스를 받는 국민들도 이해관계의 충돌이 많습니다. 이럴 때 조화롭고 균형된 판단을 하고, 가급적 많은 사람들이 만족할 수 있는 서비스를 하면서 조직 내에서 불편부당하고 원만한 대인관계를 할 수 있을 때 좋은 평판이 축적되는 것입니다.

공무원으로서 또는 공기업, 공공기관에서 근무하기 시작할 때 풍성한 교양과 건전한 상식을 많이 축적하라고 권하고 싶습니다. 전문 서적보다는 문·사·철문학, 역사, 철학과 관련한 책들을 많이 봐야 합니다. 그래야 깊이 있고 균형된 사고와 통찰력이 생기기 때문입니다. 그다음 언론의 사설, 칼럼 등을 가급적 많이 읽으면 큰 도움이 됩니다. 언론도 이념적 편향에 따라 많이 갈려져 있지만 한쪽에 치우치지 말고 골고루 섭렵하기 바랍니다. 공공의 일을 하면서 제일 중요한 여론의 동향, 비판적 시각, 트렌드 파악을 위해서도 중요하고 언론 기고문 등에 실린 글의 논리나 표현력도 익힐 필요가 있기 때문입니다.

어학 실력을 올리는 건 이제 선택이나 특기 차원이 아니고 생존의 수단입니다. 특히 공공 부문에서 일하면서 외교부나 KOTRA같이 외국어 실력이 중요한 기관이 아니면 별 문제 없을 것이라는 생각은 아주 틀린 판단입니다. 코로나19로 인해 외국과의 교류, 통행이 마비되면서 온라인의 세계는 더 촘촘해졌습니다. 영어는 이제 필수입니다. 가급적 제2외국어 공부는 매일 몇 단어, 몇 문장씩이라도 꾸준히 하는 습관을 들여야 합니다. 2~3년 후쯤이면 놀랄 정도로 실력이 늘어나 있을 것입니다. 영어를 특출하게 잘하면 다른 면에서 다소 부족해도 조직 내에서 존재감이 있습니다. 축적된 많은 지식은 지혜를 주고 이는 조직 내에서 발생하는 여러 가지 어려운 상황을 풀어나갈 수 있는 능력을 만들어냅니다. 또 능력은 성과와 평판으로 이어지고 이게 바로 성공의 길로 가는 것입니다.

그러나 평판은 능력과 실적만으로 좌우되는 건 결코 아닙니다. 오히려 협동심을 유발할 수 있는 원만한 대인관계와 분위기 조성 능력이 좋은 평판을 얻는 데 더 큰 역할을 하기도 합니다. 늘 잘 웃어주고 남의 말을 잘 들어주고 화제를 이끄는 사람, 여기에 유머까지 할 줄 아는 사람은 흡인력이 큽니다. 이 흡인력은 동료나 외부 고객들뿐 아니라 윗사람에게도 작용할 수 있어 추천이나 발탁의 가장 큰 동기가 되곤 합니다. 특히 잘 웃으면 인상이 바뀌고 인상이 좋아지면 운세도 좋아진다고 합니다. 그래서 내가 아는 후배 한 사람은 매일 아침 거울을 보고 파안대소하는 연습까지 했다 합니다. 물론 그는 남의 말에 잘 웃어주면서 팔자가 피어 고위직에 올랐고 성공했습니다. 솔선수범, 희생정신, 기사도 정신, 배려심 등 평판을 높일 수 있는 요인은 일일이 열거할 필요도 없습니다. 씩씩하고 자기 표현을 할 줄 알고 남을 배려할 줄 아는 사람이 가장 편한 사람이고, 각종 상식과 지식을 가장 많이 축적한 사람이기도 합니다.

세 번의 위기와 세 번의 기회

위기Crisis는 원래 의학 용어로 죽음과 회복의 분기점까지 가는 급작스런 병세의 변화를 의미한다고 합니다. 危機위기라는 한자를 봐도 위험하다는 뜻의 '危'와 기회의 '機' 자가 같이 들어가 있습니다. 자칫 죽음으로도 이어질 수 있는 위험한 상황을 잘 이겨내면 회복력을 얻어 오히려 성공의 발판이 될 수도 있습니다. 한국의 공공 분야에서 일하다 보면 다른 선진국들의 공직자들에 비해 위기에 맞닥뜨리는 경우가 많은 것 같습니다. 한국의 공공 부문은 역동성이 크고 부침도 심하고, 감시 카메라도 지뢰밭도 많기 때문입니다. 개인적인 사유로 위기를 겪는 경우도 있지만, 정치·사회적 외부 환경이나 통상적으로 예기치 않았던 상황 변화로 인해 무한 책임을 져야 하는 경우도 많습니다.

미국이나 유럽의 경우, 공직자 비리에 대해 행위자로서 책임질 일이 있으면 엄히 처벌하지만, 개별적으로 법적 책임이 없는 경우에는 속죄양이 되어 불이익을 받는 일은 없습니다. 공직에 찾아오는 '세 번의 위기와 세 번의 기회'라고 소제목을 달아놓았습니다만 내 경험으로도 공인생활을 하다 보면 최소 세 번쯤의 위기는 누구나 겪게 되는 것 같습니다.

고전 경영학자인 찰스 허만은 "위기는 감기처럼 온다"고 했습니다. 예고는 없지만 징후는 있고, 초기 대응을 놓치면 치명적인 상황으로 간다고 했습니다. 또 MIT 요시셰피 교수는 "아무것도 하지 않으면 위기도 없다. 최고의 성공은 위기 회복력Resilience에서 만들어진다"고 했습니다. 위기는 불화에서 찾아옵니다. 위기는 방심에서 찾아옵니다. 위기는 욕심에서 찾아옵니다. 또 위기는 궤도 이탈에서도 찾아오기도 하고 지나친 궤도 의존성에서도 찾아옵니다. 전방위로 찾아오는 게 위기인 것입니다.

첫 번째 위기 원인, 불화

소통의 부족은 위기를 부른다

A씨는 공직에 들어온 지 몇 년 안 된 중간 계급 공무원이고 일선 관서에서 주민복지지원을 담당했습니다. 내성적이고 고집도 있어 주위와 잘 어울리지 못하는 성격이라 복지지원기금을 집행하는 동료들과도 잘 섞이지 못하는 외톨이였습니다.

그는 동료들이 일을 잘 못하는 정도가 아니라 자금업무 집행에 수상한 점이 있다고 늘 의심해왔습니다. 나름 동료들에게 질문도 하고 문제제기도 했으나 그때마다 무시 내지는 퉁명스러운 반응만 돌아왔습니다. 홧김에 그랬는지 정의감의 발로에서 그랬는지는 모르겠지만 그는 동료들에게서 느낀 수상한 행위를 내부 감사팀에 조금 과장해서 제보했습니다. 감사 조직에서는 강도 높은 조사를 했고 동료들은 이로 인해 적지 않은 곤욕을 치렀으나, 결국 일을 쉽게 처리하려는 관행에서 발생한 일일 뿐 불법이나 비리는 없는 것으로 결론이 났습니다.

그 후 어떻게 되었을까요? 동료들의 무자비한 정신적 몰매가 있었습니다. A씨는 심리치료를 받아야 할 만큼 위기 상황을 맞아 결국 사표를 썼습니다. 다행히 괜찮은 상사를 만나 고충 처리 차원에서 대화를 나누면서 좋은 충고도 듣고, 타 부서로 자리 이동이 돼 퇴출은 면했다 합니다. 내성적인 성격일수록 일의 파급 효과가 큰 공공 부문에서 동료나 선배, 상사들과 상의도 없이 혼자 일을 저지르는 것은 조금 위험합니다. 스스로 위기를 불러오는 요인이 됩니다.

부당한 상사와의 싸움이 치명적 상처가 되다

직원이 100명도 안 되는, 신기술 사업화를 주 업무로 하는 공공기관에서 근무한 지 3년 차 된 B씨는 업무 처리 능력 면에서 꽤 인정을 받았습니다. 그런데 어느 날 인사이동으로 새로운 팀장이 오면서 그의 시련이 시작되었습니다. 출신 지역이 다르고 업무 스타일도 꽤 다른 편이었다고 합니다. 전임 팀장은 적극적으로 일을 개발하는 데 반해 새로운 팀장은 공기업에 만연해 있는 보신주의의 대표적 타입이었던 것 같습니다.

자연스럽게 B씨는 불만이 쌓였고 그런 감정이 팀장에게 자주 표출되면서 관계가 악화되었던 모양입니다. 가끔은 가슴을 후벼 파는 인신공격을 당하기도 하면서 직장 스트레스를 귀가 후 아내에게 풀다가 가정 불화까지 초래합니다. 어찌 보면 조직에서 매우 흔한 현상이지만 이렇게 되면 직장은 지옥이 됩니다. 결국 B씨는 사무실이 떠나갈 정도로 언성을 높이며 싸웠고, 홧김에 사표까지 던집니다. 물론 공공기관에서 이런 일로 사표를 수리하면 남아 있을 직원이 없으니 사표는 반려되었습니다. 며칠 집에서 두문불출하다 회사에서 연락이 와 출근을 했고 팀장과 함께 경고장을 받은 그가 타 부서로 전출되는 것으로 처리가 되었습니다. 그렇지만 두 사람은 이로 인해 편협한 상사와 무례한 직원이란 이미지를 전 직원에 심어줬고 이는 이후의 직장생활에서도 치명적인 상처로 남게 되었습니다.

상사가 부당하다고 생각할 때 너무 오래 마음속에 쌓아둘 필요는 없습니다. 직접 이야기를 해야 됩니다. 그러나 둘만 있을 때 해야지 모든 직원들이 다 보는 앞에서 공개적으로 분을 터뜨리는 것은 그 사람이 아무리 옳은 입장이다 해도 '분노 조절 장애자'밖에 안 됩니다.

두 번째 위기 원인, 부주의

잃어버린 자료 1부가 가져온 비극

중앙 부처에서 일한 지 10년 차 되는 공무원인 C씨는 어느 날 아침 조간신문을 보고 소스라치게 놀랐습니다. 철저한 보안 속에 추진해왔던 정책안이 조간신문 1면 톱기사로 실린 것이었습니다. 노동계와 관련된 매우 민감한 내용이었고, 아직은 실무 단계의 안이어서 앞으로 계속 여론 수렴을 해가면서 보완, 수정해야 할 계획안이었습니다. 그런데 어찌된 영문인지 내용이 통째로 언론에 뜬 것입니다. 물론 노동계에서 바로 큰 반발을 일으켰고 다른 언론에서도 '정부의 음모'인 것처럼 다루면서 일파만파의 사건이 되었습니다. 노동계 대표가 부처의 장관 면담을 요청하고, 청와대와 국회에서 진상 조사도 시작되었습니다. 물론 그런 사실을 부인하고 수습하려 노력했지만 이미 엎질러진 물이었습니다.

그 작업 과정의 라인에 있던 모든 사람들이 조사를 받고 주요 실무자였던 C씨는 책임을 모면할 길이 없었습니다. 사태를 수습하기 위해서는 속죄양이 필요한 상황이었고, 그는 사표를 제출했습니다. 그 부처에서는 징계 수위에 관해 내부적으로 심각한 회의가 이어졌고, 결론은 말단 실무자가 책임을 지는 정도로는 수습이 안 된다 해 그의 차상급자인 고위직 인사가 결국 십자가를 멨습니다. 그리고 C씨는 워낙 에이스로 정평이 나 있던 사람이었기 때문에 윗사람들이 아깝게 생각하고 가벼운 징계로 처리했습니다.

경위를 조사해보니 이랬습니다. C씨는 나름 전문가들의 의견을 듣기 위해 몇 사람에게 자료를 주고 회의를 했고, 회의가 끝나자 자료를 회수했는데 부주의로 한 부를 회수하지 못한 것입니다. 그 자료가 결국 언론에 흘러 들어갔고 그 언론은 특종을 한 것입니다. 공공 부문에서의 부주의는 치명적 결과를 초래할 수 있습니다. 안전 분야를 점검해야 될 공직자가 이를 소홀히 할 경우 국가적 재앙이 될 수도 있습니다. 공직자는 늘 빈틈없이 점검하고 또 점검해야 됩니다. '공직자도 인간이니까 가끔 부주의도 있을 수 있다'는 생각은 용서받을 수 없습니다. 공공 부문에서의 부주의는 치명적 무능으로 연결될 수 있습니다.

300번의 잠재적 징후와 29번의 작은 사고

약 5년 전에 있었던, 어느 핵심 에너지 공기업의 자료가 해커에 의해 유출된 사건입니다. 더욱이 유출된 자료에 대한 해커의 협박 사실이 알려지면서 온 나라가 발칵 뒤집어졌습니다. 만일 해커가 핵심 제어 및 냉각 시스템에 들어가 보안 장치를 마음대로 조작할 수 있었다면 세계적 재앙으로 번질 만한 일이었습니다.

다행히 해커는 핵심 제어 시스템에는 접근하지 못했고 유출한 자료도 일반 사무망에서 빼낸 그 공기업의 조직도 등 사실상 공개된 내용들로 밝혀져 공포스러운 상황은 피했지만, 수사기관의 유출 경위 조사 등 파장은 컸습니다. 당연히 관리 책임 문제가 제기되었고, CEO의 사과와 담당자의 문책이 뒤따랐습니다. 이는 에너지 시설 안전에 대한 국민 신뢰가 많이 손상되는 결과를 초래했는데 이 역시 '이쯤이야' 또는 '설마' 하는 실무자들의 부주의와 무사안일에서 비롯된 사건입니다.

큰 사고가 생기기 전에는 300번의 잠재적 징후와 29번의 작은 사고가 발생한다고 합니다. 통계학적 규칙을 규명한 '하인리히 법칙'이 그것입니다. 예측할 수 없는 재해는 없다고 합니다. 미국의 9·11 테러 때도 수많은 테러 위험 정보가 백악관에 보고되었는데도 묵살되었고, 서브 프라임 모기지 금융위기 때도 '하인리히 법칙'이 들어맞았습니다. 우리나라도 코레일 탈선 사고라든지 광명시 정전 사태 등 실무진의 부주의가 큰 문제를 일으킨 사례가 적지 않습니다.

세 번째 위기 원인, 과욕

위기의 최대 원인은 과욕이라고 생각합니다. 공인의 덕목은 절제와 균형 의식입니다. 그렇다고 일을 대충 하고 어려운 결정은 잘 피해나가라는 뜻은 결코 아닙니다. 사리사욕과 지나친 공명심을 버리고 불편부당하고 치우치지 않는 사고와 판단력을 갖춰야 한다는 뜻입니다.

민간기업에서는 최고의 실적과 이윤을 내는 것이 최고의 선이 됩니다. 정부나 지방자치단체 또는 공기업에서도 이 같은 기준이 타당할까요? 세원을 현미경 보듯이 찾아내 징세액 최고 실적을 낸 세무서장과 잠재적 고객을 발굴해 판매 최고 실적을 낸 가전제품 영업소장을 동열 선상에서 평가할 수 있을까요? 공직에 있으면서 사리사욕을 챙기는 건 패가망신으로 가는 길입니다. 공공 부문에서 개인적 이익을 위한 비리를 저질러 퇴출된 사람들은 셀 수 없이 많지만 여기에서는 언급할 대상이 아니고, 나름 열심히 더 잘해보겠다고 과욕을 부리다 오히려 위기를 자초한 사례에 대해 이야기를 해보겠습니다.

지나친 공명심은 치명적

어느 금융 공기업 중간 간부의 사례입니다. 항상 진취적인 태도로 새로운 분야를 개척해 회사의 영역을 넓히고 그 성과를 인정받던 사람이었습니다. 조선 산업이 최대 호황을 누리던 2000년대 중반, 공기업이든 민간기업이든 호황 산업인 조선 산업에 금융 지원을 하기 위해 치열한 경쟁을 벌이고, 무리를 해서라도 그 시장의 영역 확장을 위해 총력을 다할 때였습니다.

매우 큰 규모의 금융 지원 프로젝트들이 나왔고, 리스크를 세밀히 따지는 데 시간을 보내면 타사에 기회를 빼앗길 수도 있는 상황이었습니다. 때문에 금융 지원에 대한 리스크 심사가 제대로 이루어지지 않았습니다. 특히 D씨는 경쟁 금융 공기업을 실적에서 추월하기 위해 위험 부담이 큰 중소 규모 조선 사업에도 적극적인 금융 지원을 주도했습니다. 물론 내부적으로 우려하는 시각도 있었습니다.

그런데 예기치 않은 미국발 금융위기가 터지고 세계 해운 경기가 급랭하면서 조선 사업도 찬바람을 맞게 된 것입니다. 부채가 많았던 중소

조선업부터 부도를 맞았고, D씨가 몸담았던 금융 공기업도 연쇄적으로 자금 운용 면에서 심각한 타격을 받았습니다. 결국 그는 심사 부실 책임을 지고 자리에서 물러날 수밖에 없는 상황을 맞게 되었습니다. 그 후 억울했지만 속죄양 차원에서 형사처벌까지 받았습니다.

공기업의 경우 아무리 사심이 없고 목적이 정당하고 순수한 의도라 해도 기준을 무시하고 필요한 절차를 생략하면 안 됩니다. 과욕이란 죄목입니다. 그렇다고 지나친 보신은 조직을 곪게 만드는 것이니 공인은 참 균형적 판단이 필요한 것 같습니다.

돌격대 E씨의 짧은 행복

승진을 앞둔 공무원 E씨의 이야기입니다. 공무원이나 공공기관 등 공공 부문에서는 개인적 인센티브가 별로 없기 때문에 정말 승진에 목숨을 걸 정도입니다. 그래서 공공 부문에서의 승진은 실력과 줄, 운 등의 종합예술이라고 표현합니다. 승진을 앞둔 시점에는 무슨 노력을 해서라도 인사권자에 어필하려 합니다. 인사에 영향을 미치는 사람 쪽에 줄을 서고 필요시 과잉 충성까지 할 각오가 되어 있는 것입니다.

E씨도 어느 한 줄에 서서 과잉 충성을 했습니다. 심지어 다른 줄의 실력자를 비난하는 악역도 보스를 위해 서슴지 않았습니다. 즉 돌격대가 된 것입니다. 그 덕분에 그는 승진은 했습니다만 얼마 후 그 기관의

장이 바뀌고 자기가 섬겼던 보스가 물러나게 되면서 E씨는 상대방으로부터 가혹한 보복을 당합니다. 결국 한직과 외소로 밀려나면서 많은 회한을 안고 공직을 떠났습니다. 승진에 관한 과욕으로 앞날을 길게 보지 못한 결과였습니다.

이와 같이 과욕은 다른 어떤 위험 요소보다도 독성이 강하고 오래가지 못합니다. 성실하게 열심히 공인의 길을 가고 건강한 순리를 좇는 것이 올바른 길입니다. 집단 속에 숨겨져 있어도 보석은 결국 누군가의 눈에 띄고 그만한 대우를 받습니다. 이외에 정부가 바뀌거나 건강상 또는 여러 가지 피할 수 없는 사유로 위기를 맞는 사람도 있지만 어떤 때는 팔자소관이라고 생각하며 현명하게 받아들이는 것도 지혜일 수 있습니다.

행운의 신은 뒷머리카락이 없다

기회의 신 카이로스Kiros는 뒷머리카락이 없는 모습으로 그리스 신화에 그려져 있습니다. 카이로스의 무성한 앞머리는 기회를 쉽게 알아채지 못하게 하면서 기회를 알아본 사람에게는 쉽게 움켜잡게 해줍니다. 그러나 그가 지나가버리면 뒤늦게 알아챈다 해도 붙잡을 수 없습니다. 뒷머리카락이 없기 때문입니다. 행운이나 의인은 인생을 살면서 몇 차례 찾아오는 것 같습니다. 하는 일마다 지독하게 안 풀리는 분도 있고, 별 실력도 없어 보이는데 승승장구하는 분도 있지만 대체로 최소 두세 번은 기회가 찾아오는 것 같습니다. 의인을 잘 알아보지 못하고 상황을 의심하다 결정적으로 기회를 놓치는 경우도 많습니다.

속된 말로 공공 부문에서 성공하려면 세 가지 '빨'이 있어야 된다는 표현이 있습니다. 다분히 공직을 비하하는 용어이겠지만 '말빨', 끝빨', '운빨' 세 가지를 의미합니다. '말빨'은 목소리가 크거나 남을 설득하는 능력을, '끝빨'은 소위 배경과 줄을 뜻하지만 '운빨'은 공공 부문에서 어느 정도는 정말 필요해 보입니다. 관운이라는 것은 사주팔자에도 나온다지 않습니까? 그렇다고 특정인이나 특정 집단이 본인에게 성공의 열쇠를 가져다줄 것이라고 생각해 계획적으로 접근하면 오히려 독이 될 수 있습니다. 또 '나는 상대방에게 이렇게 배려하고 도와줘서 그가 행운을 잡았는데, 그는 나에게 그만큼 갚지 않는다'면서 배신감을 가지면 치명적인 불화와 원한의 씨앗이 됩니다. 나는 평생 '내가 B에게 베풀면 나는 B가 아닌 다른 누군가로부터 도움을 받는다'고 생각해왔습니다. 그렇다고 가만히 기다리면 사주팔자대로 하늘에서 행운이 뚝 떨어질까요? 절대 아닙니다. '포기하지 않는 긍정적 마인드', '실력에 기초를 둔 자신감', '사람을 볼 줄 아는 눈' 그리고 '감동을 주는 인간관계' 중 몇 가지라도 갖춰야 한다고 봅니다. 하나도 쉬운 것은 없지만 이와 같은 행운을 받기 위한 조건을 갖추기 위해 꾸준한 노력을 하면 반드시 행운은 찾아옵니다.

공공 부문에서 이러한 사례는 넘칠 정도로 많지만 대부분 아직 현직에 있거나 널리 알려진 인물들의 이야기이기 때문에 더 이상의 소개는 안 하는 것이 좋을 것 같고, 대신 나와 관련된 사례 몇 가지만 들어보겠습니다.

산업기술 관련 지원 기관의 대표로 있었던 약 20년 전의 일입니다. 신입사원 공채 면접을 시행할 때 인사담당 간부가 중간보고를 했습니다. "한 친구가 패기도 있어 보이고 적극성도 눈에 띄는데 우리 같은 공공기관에는 적합하지 않은 인물 같아 불합격 처리했습니다." 내가 물었습니다. "무엇이 그렇게 공공기관에 안 맞는 것으로 보이는가?" 그러자 "겸손하지도 않고 머리는 사자머리에, 면접을 보러 온 지원자의 복장도 아니었습니다. 또 취업하러 온 사람이 면접관들한테 온갖 질문을 해서 오히려 우리가 면접을 받는 기분이었습니다" 하고 답변하는 것이었습니다. "뭐 하는 사람이래?" 하고 물었더니 "대학에서 응원단장을 했고, 벤처기업에서 일한 경력이 있었습니다"라고 했습니다.

나는 공공기관의 타성에서 벗어나 신설기관에 새로운 바람과 역발상을 불어넣기 위해 재면접을 지시했고 결국 불량하게 보였던 그 사자머리 지원자는 입사를 하게 되었습니다. 그는 응원단장 출신답게 조직을 캐주얼한 분위기로 바꾸는 데 선봉장 역할을 했고 기존 공공기관의 업무 매뉴얼을 혁신하는 데도 큰 기여를 했습니다. 물론 지금은 그 공공기관에서 가장 높은 고위직 중 한 명이 되어 능력을 발휘하고 있습니다. 그의 '자신감'과 당당함이 행운을 불러온 것입니다.

또 하나의 케이스는 내가 KOTRA 대한무역투자진흥공사 사장일 때의 이야기입니다. 아프리카 수단으로 출장 갈 일이 있었는데 내전 중이었고 근무 여건도 최악인 오지 중의 오지였습니다. 그곳에서 철수한 어느 종합상사 책임자로 있던 사람을 만나 현지 사례를 듣고 험지 근무에 대해 위로를 했습니다.

"얼마나 힘드십니까? 회사도 철수했는데 빨리 귀국하시지 왜 아직까지 계십니까?"

"제가 남아서 처리해야 될 잔무를 팽개치고 떠나면 이것은 몽땅 저희 회사와 한국에 대한 부정적 이미지로 남게 됩니다."

"그래도 혼자서 고생이 막심하실 텐데…."

"이곳에서 좋은 점도 있습니다. 첫째는 한국이 정말 좋은 나라라는 것을 느끼면서 애국심이 생기는 것이고요. 둘째는 40도가 넘는 더위 속에 매일 '건식 사우나'를 공짜로 하는 것이지요. 하하."

나는 귀국 후 수단에 KOTRA 무역관을 설치하고 그를 특채해 지사장으로 임명했습니다. 아프리카 오지 중 오지까지 찾아간 내가 의인이었고, 그의 '긍정적 마인드'와 성실한 책임감이 행운의 로또를 가져다준 것입니다.

　다음은 내 이야기입니다. 방금 이야기한 산업기술 관련 조그만 지원기관의 대표로 있을 때입니다. 어느 날 학생회장 출신인 젊은이를 우연히 알게 되었습니다. 그는 학생운동 주동자로 늘 쫓기던 신세였고, 취업도 어려운 처지였습니다. 나는 그에게 무언가 특별한 기상을 느꼈고 가까이 지내면서 조금이라도 도움이 되고자 노력했습니다. 그러다 노무현 정부가 들어서게 되었습니다. 당시 나는 신문에 경제 칼럼을 많이 쓰고 있었는데, 진보 정부에 지인들이 꽤 있었던 그가 내가 쓴 '칼럼' 하나를 청와대의 인재발굴 팀에 보내줬고 그 기고문에 감동을 느낀 인사 책임자가 노 대통령에게 보고를 했습니다. 그 글을 본 노 대통령은 발탁 차원에서 나를 산업자원부 차관으로 임명했습니다. 차관을 지내고 난 후 무역금융 관련 공기업 사장으로 취임한 나는 그를 홍보 책임자로 발탁해 특채했습니다. 공기업의 특채는 이례적이어서 내부 반발도 있었고, 그 후 다시 보수 정부가 집권했을 때 감사원의 특별감사도 받았습니다. 그렇지만 그는 탁월한 능력으로 이런 어려움을 다 극복하고 현재 그 공사의 고위 간부로 능력을 발휘하며 명성을 떨치고 있습니다. 이는 '사람을 알아보는 눈'과 '진실한 인간관계' 그리고 '신의' 등이 만들어낸, 서로 행운을 주는 의인이 된 사례입니다.

공공 부문은 아니지만 소프트뱅크의 손정의, 알리바바의 마윈, 애플의 스티브 잡스 등 세계 경제를 이끈 레전드들도 일대기를 보면 뜻하지 않게 행운을 가져다준 의인들이 꼭 있습니다. 그들의 '포기하지 않음'과 '자기 실력 축적'이 행운을 만들어준 요인이 된 것입니다. 꾸준히 노력하고 베풀면 어디선가 반드시 보답을 받습니다.

공인 의식은 '균형감'이 근본

황희 정승의 균형

　조선시대 최고의 재상으로 손꼽히는 황희 정승의 이야기입니다. 그는 고려 말 과거에 합격해 성균관의 학관연구관을 지내면서 이성계의 반정과 조선의 건국을 맞았습니다. 조선 개창에 반대해 '두문동'에 은거하며 지낼 때 혁명 세력의 간청에 의해 조선조에 출사했다는 일화가 있지만 신빙성이 약합니다. 그의 아들 황수신도 수양대군의 계유정난 공신으로 기록되어 있지만 그 역시 적극 가담자는 아닌 것 같습니다. 그의 집안은 국가적 변혁기에 어느 편에 가담한 소위 '주체세력'은 아닌 듯싶습니다. 어찌 보면 선택을 강요하던 시기에 균형과 중립을 지킨 황희는

'처세의 달인'이라고도 볼 수 있습니다. 90세까지 살았을 정도로 기록적인 장수를 한 그는 조선시대 초 국가 정립기에 4대 임금을 보필하면서 정부 체제, 농업, 과학기술, 북방 및 남방의 국방 외교 정책, 세무, 재정 등 국가 재정 정책과 인사 정책 등 각 부문에서 탁월한 업적을 남겼습니다. 이를 부인할 사람은 없습니다.

그러나 그도 인간이기에 스캔들이 전혀 없었던 것은 아닌 듯합니다. 사생활과 아들 등 친인척 축재 문제 등에서 어느 정도의 비리도 있었던 것으로 보이지만 후세의 사관들은 조선 건국의 정통성을 위해서였는지 그에 관한 스캔들은 대부분 모함에서 비롯된 것으로 옹호했습니다. 이렇게 황희를 우리나라 역사상 '공인'의 표상으로 추앙하게 된 것은 공인으로서 그의 '균형감'을 높이 산 때문이라고 생각합니다.

그의 집에서 계집종이 크게 다툴 때 보여준 그의 처신에 관한 일화는 유명합니다. 한쪽이 그에게 일러바치면서 다른 한쪽을 심하게 비난하니 그 여종에게 "그래. 네 말이 맞는 것 같다"라고 말해줬다고 합니다. 그 여종이 희색이 만면해서 돌아가자 다른 여종이 와서 그 말은 다 거짓이라며 자기 말이 옳다는 주장을 합니다. 그랬더니 이번에도 황희는 "그래, 네 말이 옳은 것 같기도 하다"라고 말하며 여종을 달랬습니다. 그때 그 상황을 옆에서 지켜보고 있던 조카가_{부인이라는 설도 있음} "아저씨는 무슨 판단이 그렇게 흐릿하십니까?"라고 비난을 했더니 "그래, 네 말도 맞다"라고 대답을 했답니다. 황희가 소신이 없고 기회주의자라서 또는 아무 생각 없이 그냥 한 말이었을까요? 누군가의 주장에는 다 부분적 타당성이 있습니다. 그것을 불편부당하게 조율하고 맞춰나가는 것이 갈등을 해결하고 문제를 해결한다고 생각했을 것입니다.

　피사의 사탑이나 경주의 첨성대가 다소 삐뚤어진 것은 균형을 잡기 위한 건축학적 방식이라고 합니다. 한편에서만 본 첨성대는 기울어졌지만 훌륭히 수천 년을 지탱해왔습니다. 황희는 고려시대에 등과했지만 새 정부가 그를 필요로 할 때 백성을 위해 전향을 했고, 수양대군이 기세등등할 때 수양대군의 정적인 김종서를 재목으로 키우기 위해 그의 부족함을 나무랐습니다. 또 태종이 양녕대군을 폐세자하려 할 때 끝까지 반대해 귀양까지 갔으나 세종이 찾을 때 다시 입조해서 천민 장영실을 지지하는 등 과감히 자기 소신을 지켜나간 명재상이었습니다. 그는 정치인과 공직자의 영역을 슬기롭게 구분할 줄 알았고, 진영에 가담하지 않고 이념에 쏠리지 않으면서 백성을 위해 헌신할 부문을 찾았고, 능력을 발휘해 어느 정파에서도 필요한 사람으로 자리 잡았던 것입니다. 그 후 지금까지 4대의 통치자에 걸쳐 중용되고 소신껏 능력을 발휘한 공인이 있었다는 기록은 없는 것 같습니다. 이러한 능력 있는 공인이 존중받는 사회가 되려면 본인의 '균형의 용기'도 필요하지만 그 정부의 '포용의 용기'도 필요해 보입니다.

한국은 갈등 공화국?

나는 평소에 칼럼을 자주 쓰고 인터뷰도 많이 하는 편입니다. 주로 공직에서 잠시라도 떠나 있을 때 그랬습니다. 현직에 있으면 절제된 언행이 공공 부문 종사자의 덕목이고 처신이기 때문에 내 생각을 언론에 드러내는 것을 자제합니다.

2년 전쯤 어느 유력 일간지와 에너지 이슈에 관한 인터뷰를 할 때였습니다. 예민한 주제였지만 에너지의 여러 측면을 전문가로서 일반 국민들이 지나칠 수 있는 부분까지 요모조모 따지면서 시시비비를 가리고자 했습니다. 그런데 인터뷰를 진행하던 기자가 "그런 균형된 주장은 양측으로부터 다 비난받습니다"라면서 자기주장을 했습니다. 결국은 내 생각대로 비교적 정밀한 현상 분석에 근거한 균형감 있는 인터뷰 기사가 실렸지만, 그 기사에 대한 반응은 기자의 예상대로 복잡했습니다. 댓글도 양쪽으로 갈리고 정부의 담당 후배들도 곤혹스러워했으며, 학계나 시민단체들의 반응도 제각각 분분했습니다. 그때 나는 '지금 우리나라에서는 균형된 생각과 표현을 하는 것도 용기가 필요하구나'라고 생각하며 쓸쓸했습니다.

양쪽 사이드는 점점 영역을 넓혀가고 균형지대인 중앙은 좁아지고 있습니다. 게다가 양쪽이 이 지역을 '회색지대'라고 비난합니다. 그 안에 있는 사람들을 심지어 '기회주의자'라고 몰아붙이기까지 합니다. '극단의 안주', 즉 한쪽 프레임의 사고, 집단의식, 확증편향 또는 '밴드 왜건'적 사고나 주장에 동조하고 반대쪽 생각을 목청 높여 공격함으로써 소속감과 편안함을 얻는 건지도 모르겠습니다.

　나는 대학 시절 문·사·철에 관련한 책을 많이 읽었습니다. 특히 성장기에 만났던 실존주의 철학자이자 작가인 알베르 카뮈는 '실존의 빈민'에서 벗어날 수 있게 해줬습니다. 《이방인》에서는 철저한 회개와 반성을, 최근 코로나19로 인해 다시 전 세계적 베스트셀러로 복귀한 《페스트》에서는 참혹하고 극한적 상황 속에서도 억누를 수 없는 희망 의지를 보여준 카뮈에게 공감이 되면서 편안함을 찾은 것입니다. 비평가들은 알제리에서 태어난 그의 문학작품에서 "지중해적 예지를 엿볼 수 있다"고 했습니다. 지중해는 유럽과 아프리카, 아시아의 세 거친 대륙에 끼어 있는 내해 같은 바다입니다. 이 바다에서 로마, 그리스, 스페인, 터키, 이집트가 헤게모니를 겨루며 수많은 해전을 벌였지만, 그래도 지중해는 세계에서 가장 고요한 바다이고 대륙들의 균형을 이룬 바다입니다.

　한국이 지정학적으로 딱 이런 형국입니다. 대륙의 끝자락이면서 대양을 안고 있고, 열강들의 각축전 속에 우리는 성장과 안정을 도모해야 하고 더 나아가서는 이 지역 전체의 중심 국가가 되어야만 살아나갈 수 있는 그런 처지가 아닌가 싶습니다. 그리고 우리에게도 '지중해적 예지' 가 필요한 게 아닐까 생각했습니다. 이것이 내가 공공 부문을 지원하게 된 동기가 되었으며, '공공의 일과 삶'의 사상적 기조, 즉 균형과 조화였 습니다. 아무도 희망을 보지 못하던 나라는 불과 반세기 만에 세계 10 대 경제 대국이 되었고, 한국의 민주주의는 "쓰레기통에서 장미를 구하 는 것과 같다"라는 비아냥을 들었지만, 국민이 원하지 않는 정권을 국 민의 힘으로 몇 번이나 바꿔나가는 나라가 되었습니다.

그런데 종교적 갈등도 없고 인종적 갈등도 없는 우리나라는 세계에 서 손꼽히는 '갈등 공화국'이 되었습니다. 그것도 갈수록 강도가 세지고 범위도 각 방면으로 확산되어가고 있습니다. 세계사에서 유례가 없는 빠른 경제 성장과 민주화 과정 속에서 잉태되고 표출된 갈등이라고 봅 니다. 여기에서 바로 '공공 부문의 역할'이 있습니다. 다소 속도가 늦더 라도 이러한 갈등을 최소화하고 가야 할 길을 가는 대한민국 선단의 모 함 역할 또는 플랫폼의 공공 역할이 소중해진 것입니다. 물론 공무원이 나 공기업 종사자들이 이러한 메가트렌드와 각종 갈등 속에서 해결사 역할을 한다는 것은 매우 어려운 일입니다. 또 그만한 힘이 그들 손에 쥐어지지도 않았습니다. 오히려 정치 권력이 정해주는 프레임을 충실 하게 채워나가는 기술자가 되는 것이 생존에 도움이 되고 현실적일 수 있습니다.

개혁의 깃발을 펄럭이고 나팔소리가 우렁찬 정부 초기에는 공공 부문의 역할이 왜소해 보일 수 있지만, 후반기에 들어가면 공공의 전문성과 문제해결 능력에 대해 재발견하게 되고 존중을 하게 됩니다. 역대 어느 정부에서도 이러한 패턴은 한 번도 바뀌지 않았습니다. 앞으로 공공 부문의 역할은 재조명되어야 할 것입니다. 특히 공공 부문의 일과 삶을 시작하려는 사람들이 지켜나가야 할 공인 의식 중 끝까지 보존해야 할 마인드는 '균형의 예지와 용기'라 생각합니다. 이에 관한 이야기를 몇 가지 더 하고자 합니다.

'자유와 평등', '성장과 균형'은 공존할 수 없나?

대한민국의 대표적 갈등의 원천은 여기에서 나옵니다. 부동산 문제, 지역 경제 격차, 노사 관계, 재벌 문제, 환경 에너지 문제, 남북 문제, 대미 관계 등 갈등의 골이 깊은 주제는 대부분 '자유와 평등'과 '성장과 균형'에 관한 뿌리 깊은 인식의 대립입니다.

한쪽에서는 규제 없는 세상과 시장의 자유를 주장하면서, 파이를 키워야 분배의 몫도 커진다는 확고한 신념을 부르짖습니다. 이 과정에서 나타나는 상대적 불평등과 불균형은 필요악이고 서서히 개선해나가면 된다는 주장을 합니다. 다른 한쪽에서는 불평등과 불균형의 간극이 커질 만큼 커졌기 때문에 국가의 제어가 없으면 영원한 양극화, 다수와 약자 간의 갈등 고리를 풀 길이 없다고 말합니다. 국가가 두 조각이 날 것이라는 주장도 합니다.

이와 같이 무거운 주제는 황희 정승 같은 전설적 공직자가 온다 해도 쉽게 풀 수 있는 문제가 아닐 것입니다. 정부나 공적 기관에서 섣불리 손대면 부작용과 반발만 더 키울 수 있습니다. 결국은 시민들의 자각으로 시간을 두고 풀 수밖에 없지 않나 하는 생각도 해봅니다.

이 책에서 이 처절하고 앙금 깊은 이슈를 하나하나 따져보고 시시비비를 가려볼 생각도 없고 그만한 통찰력도 없습니다. 그러나 디테일에 악마도 숨어 있지만, 선지자적 해법도 들어 있을 수 있습니다. 이는 주로 중앙정부의 정책 수립과 집행 과정에 관련한 이야기입니다.

대통령 선거나 총선 또는 지방 선거에서 이와 같은 갈등 문제에 대해 어느 한편으로 입장이 서고 지지층이 형성되면 공약으로 정해집니다. 선거에서 승리하면 이를 정책으로 이행해야 하는 것입니다. 일반적으로 정부 초기의 '어젠다 세팅Agenda-Setting'은 점령군 정부의 사령탑인 인수위원회와 이어지는 청와대에서 하고, 구체적으로 정책화하는 일은 각 부처에서 담당하고, 지방자치단체나 공공기관, 공기업에서 시행하게 됩니다. 서슬 퍼런 신정부에서 개혁 차원에서 하달되는 정책 방향은

담당 정부 부처에서조차 큰 흐름에 적응할 수밖에 없는 것입니다. 다수의 국민 지지를 받고 출범한 새 정부의 새 정책이니 그 방향을 따르는 것이 결국 국민의 의사를 좇는 길이니 국민의 공복이 가야 할 길입니다.

그러나 '꼬리가 몸통을 돌리다Wag the dog'라는 표현이 있습니다. DJ 정부 초 외환위기로 국가가 벼랑 끝에 섰을 때, IMF가 기간산업의 외국 매각과 구조조정을 밀어붙일 때 한국은행, 재경부, 산업부 등 경제 부처 공무원들은 "빨리 알을 꺼내기 위해 황금오리의 배를 가를 수 없다"는 주장을 논리적으로 전개해 우리 기업들이 헐값에 팔려나가지 않을 수 있었습니다. 이후 경쟁력을 키워 경제의 재도약을 이루어낸 것입니다. 또 당시 진보 정권의 이념에 반하는 내용이지만 노조가 어느 정도 구조조정과 임금 삭감을 수용하게 한 점 등도 공공기관이 역할을 한 대표적 사례입니다. 노무현 정부 초기 때 "반미하면 좀 어떠냐?" 하는 분위기 속에서도 한미 간 자유무역협정을 체결하고 이란 파병을 성사시켜 한미동맹을 더 공고히 한 일 등도 소신 있는 실무진들의 전문성과 소신이 이루어낸 성과입니다.

우리 기업의 해외 진출을 지원하기 위해 한국투자공사 설립 안이 국무회의에 상정되었을 때 정부의 핵심 주체 세력은 "외환위기를 극복한 지 얼마 되지도 않았는데 보유 외환을 사용해 대기업을 지원하느냐?"라며 강력 반대를 했지만 이 역시 "우리가 해외에서 벌지 않으면 어떻게 사느냐?"라는 주장으로 대통령을 설득해 투자공사를 설립했습니다. 이는 지금도 회자되는 실무자들의 성공 사례입니다.

이외 MB 정부 때 기업 활동에 꼭 필요한 시설물까지 교통에 방해된다고 철거하려다 실무진의 진언으로 균형을 찾은 사례, 박근혜 정부 때 통치권자의 철학이었던 '에너지 소비 절약' 때문에 폭염에도 전기요금 누진제를 고수하려다 에너지 공기업의 간언으로 누진제를 완화해 국민의 냉방권은 보호해주면서 전기요금 폭탄은 막아줬던 사례, 현 정부 출범 시 탈원전 정책의 강경 기류 속에서도 원전 수출은 추진 장려해 모순이라는 비판을 받기도 했지만, 이로 인해 쉽지 않았던 영국 원전 우선 협상자로 선정되었던 일 등은 내가 실제 경험한, 국정 철학은 따라야 하지만 디테일에서 운영의 유연성을 찾은 사례들입니다. 그리고 그것이 오히려 정책의 집행 효율성을 더 키워줬습니다.

국정은 국민 다수의 지지로 집권한 정치권과 이를 뒷받침하는 공공 부문의 두 바퀴에 의해 굴러갑니다. 그러기 위해서는 공공 부문 종사자들이 책임의식을 갖고 당당해야 합니다. 또한 자기 분야에 대해 누구보다도 많이 알아야 하고 논리와 전문성도 갖춰야 합니다. 이것이 내가 이 책에서 가장 강력히 주장하고 싶은 대목입니다.

통치 방향에 의한 정책을 수행함에 있어 공공 부문의 실무진들의 설득력 있는 홍보 능력도 매우 중요합니다. 새로운 개혁 정책이 나오면 당연히 찬반 논란이 있고 양면성도 있습니다. 한쪽 면만 무조건적으로 강조할 것이 아니라, 반대하는 쪽의 소리도 듣고 그 의견을 청취해 어느 정도 반영도 하고, 반영하지 못한 부분은 사유를 설명하고 양해를 구하는 노력을 통해 공감을 얻어내야 합니다. 정치권은 표를 먹으며 살기 때문에 '한 번 밀리면 계속 밀린다'는 강박관념이 있습니다. 완승을 원하는 것이지요. 여기에 평생을 한 분야에서 내공을 키운 공공 부문 맹장들의 몫이 있고, 그것은 바로 '균형의 용기'에서 나오는 것입니다.

이외에도 우리 사회는 남북 관계, 대미 관계, 소득 분배 정책, 환경 문제 등에서 늘 '성장과 불균형', '자유와 평등'의 가치관 충돌이 있고 점점 더 심해지고 있습니다. 한쪽을 누르면 다른 쪽이 부풀려 터지는 풍선 효과 같은 상황도 있습니다. 2차 방정식이나 3차 방정식으로 풀어나갈 수 있는 문제는 별로 없고 N차 방정식으로, 어쩌면 '불만의 최소화' 방식으로 풀어야 답이 나오는 경우가 대부분이라고 생각합니다. 최근 모두의 불만이 된 부동산 문제가 대표적 사례입니다. 물론 N차 방정식을 풀어내 2차, 3차 방정식만 주장하는 강한 목소리를 설득하려면 공공 부문 종사자들이 아주 똑똑해야 합니다.

피할 수 없는 세대 갈등

또 하나는 공공 부문에서 늘 염두에 둬야 하는 '균형의 지혜'에 관한 대목입니다. 최근 부동산 문제 때문에 나라가 시끌시끌합니다. 한 여론 조사 결과에 따르면, 20대의 15~20%가 집값이 올라야 한다는 데 동의 했다고 합니다. 연애, 결혼, 출산을 포기했다는 3포 세대의 가장 큰 좌 절은 평생 벌어도 강남의 번듯한 아파트 한 채 살 수 없는 데 있다고도 합니다. 이는 기성세대들이 아파트를 살 만한 곳은 다 투기장으로 만들 어서 다음 세대들이 아예 집 살 엄두를 못 내게 만들었기 때문입니다. 세대 간 갈등의 핵심 요인이 되어버린 것입니다.

그런데 청년층은 왜 집값이 더 올라야 한다고 생각하는 걸까요? 아 마도 '내가 벌어서 집을 사는 것보다 부모로부터 상속을 받는 것'이 더 현실적인 방안이라는 판단에서 나온 듯합니다. 소위 밀레니얼 세대의 기성세대에 대한 이율배반적 원망과 기대를 잘 보여줍니다. 국제시장 세대, 베이비붐 세대, 386세대, N세대, 586세대, 밀레니얼 세대 등 여 러 의미로 표현되는 각 세대들 간의 갈등 요인으로 이념적, 정서적 갈 등도 있겠지만 가장 예민하게 충돌하는 부분은 국민연금, 의료보험, 집 값, 일자리 등입니다. 현실적인 이해관계가 걸린 대표적 사항들입니다. 이런 문제들이 몽땅 공공 부문에서 풀어야 할 과제들입니다.

나는 6·25전쟁이 터지던 해에 태어났습니다. 그래서 '국제시장 세대' 또는 '베이비붐 세대'라고 불립니다. 전쟁 중인데도 출생아 수는 폭발적으로 늘어 이들이 초등학교당시는 국민학교에 입학할 때는 콩나물 교실에서 공부해야 했습니다. 이 시대에 태어난 사람들은 어렸을 때부터 처절하게 '생존'을 위해 살아야 했습니다. 4·19에 의해 독재정권이 무너지는 역동의 현장도 경험했습니다. 청년기에 들어와서는 우리 역사상 처음으로 접하는 희망 속에 〈잘살아보세〉라는 노래를 부르고 다니면서 날이고 밤이고 일만 했습니다. 그러면서 밖에서 벌어들이지 않으면 가난의 굴레를 벗어나기 힘들다는 자각을 하게 됐고, 독일로 월남으로 중동으로 노동력을 팔러 나갔습니다. 그리고 '세계는 넓고 할 일은 많다'는 생각을 하는 기업인들이 나오면서 여성들의 머리카락을 잘라 팔고, 합판을 짜서 팔고, 싸구려 옷가지와 신발들을 만들어 팔았습니다. 그렇게 세계 속에 한국을 알리기 시작하면서 그들은 전쟁의 참혹함과 피폐함을 잊기 시작했습니다.

지금은 시청 앞에 '오늘의 미세먼지 상황'을 알리는 전광판이 있지만, 1990~2000년대에는 '오늘의 교통사고 현황판'이 있었습니다. 1970~1980년대에는 '오늘의 수출 실적'을 나타내는 전광판이 남대문시장 앞에 있었습니다. 이 세대가 '헌신과 희생정신'으로 무장한 채 세계 속의 투사가 된 동력은 무엇이었을까요? 그것은 바로 '이 지긋지긋한 가난을 우리 아이들에게는 물려주지 말자'는 다짐이었습니다. 또 '배우지 못하면 평생 나 같은 무지렁이 삶을 살아야 한다'면서 아이들 교육에 전력투구합니다. 그래서 대학을 상징하는 '상아탑'을 시골에서 기르던 소 팔아서 등록금을 보낸다고 '우골탑'이라 부르기도 했습니다.

어느 정도 먹고살만 하니까 아이도 많이 낳았습니다. 남아선호사상이라는 문화적 관습도 있었습니다. 아들을 많이 낳아야 그중 하나라도 똑똑한 놈이 집안을 일으킨다고 생각했던 것입니다. 당시 부모가 생각하는 자식들의 최고 직업 구성은 이랬습니다. 큰아들은 사법고시 또는 행정고시에 합격하고, 둘째 아들은 사업가가 되어 사장님 소리를 듣고, 셋째 아들은 의사가 되고, 딸은 선생님이 되는 것이었습니다. 급기야 정부에서는 '아들딸 구별 말고 둘만 낳아 잘 기르자'는 캠페인까지 했습니다. 이 시절의 남아선호사상이 오늘날 젠더 갈등의 뿌리가 되었다고 봅니다. 지금은 아들이고 딸이고 간에 출산율이 1.0도 안 됩니다. 이것이 인구 구조에서 비롯되는 세대 간 갈등이 되는 것입니다. 베이비붐 세대는 경제 성장을 위해 헌신을 하면서도 정치적, 사회적 상황에 대한 역사의식과 소명의식이 투철했습니다. 오히려 그때가 더 목숨을 걸고 민주 투쟁을 했던 시대입니다. 군사정부 하에서도 반독재, 반유신 투쟁은 식을 줄 몰랐고, 청계천과 구로공단을 중심으로 한 노동운동도 조직화되어갔습니다. 환경, 시민, 인권 단체들도 온갖 박해 속에서 생겨나기 시작했습니다.

내가 다니던 서울대 정치학과는 정원이 20명이었는데 정상적으로 졸업한 학생은 8명밖에 없습니다. 4년 8학기 동안 휴교, 휴강을 하지 않은 학기는 단 한 번도 없었고 동숭동의 서울대 문리대 마로니에 광장은 늘 최루탄으로 자욱했습니다. 심지어 개나리꽃 피면 개강하고 라일락 피면 휴교한다는 자조적인 풍자도 있었습니다.

이들 세대는 돈만 벌기 위해 혼을 판 꼰대가 아닙니다. 경제 발전을 이루고 반독재 투쟁도 격렬히 하면서 우리나라를 이만큼 선진화시켰다는 자부심을 갖고 있습니다. 이제 그들 대부분은 60대가 넘어 현역에서 은퇴했거나 퇴출 압박을 받고 있습니다. 그러나 아직도 육체적, 정신적으로 건강하고 활동 능력도 있습니다. 정치, 경제, 사회 문제에 대해 의견도 내놓고 이를 개별적 또는 조직적으로 표현하기도 합니다. 그런데 불만이 대부분입니다. 못마땅한 것투성이입니다. 관청이나 공공기관에 갔을 때 조금이라도 부당하다고 생각하면 목소리가 커집니다. '라떼'를 한 손에 들고 "나 때는 이렇게 생각 없이 살지 않았다"라고 주장합니다. 이들 세대의 인구 비중은 점점 커지고 정치적 영향력도 늘어나고 있습니다. 공공 부문에서 활동하는 현역은 거의 없지만 이들에 대한 관심과 배려를 소홀히 할 수는 없습니다.

다음은 386 또는 586이라 불리는 세대입니다. 지금은 사회 각 부문에서 주류를 이루고 있고, 일부는 은퇴를 시작했습니다. 특히 이 세대를 공공 부문에서 조금이라도 소홀히 했다가는 큰일이 납니다. 베이비붐 세대와 겹쳐지기는 하지만 소위 386세대로 불리는 이들은 1960~1970년에 출생했습니다. 물질적으로 풍요로워지고 취업의 기회도 많았지만, 상대적 차이에 눈을 뜨게 되고 그 차이는 차별에 의해 발생하는 것이라는 의식도 생겨 각종 정치적, 사회적 이슈에 민감하게 반응했습니다. 의견 공유를 할 때 SNS를 활용하면서 386세대라는 명칭을 얻었습니다.

지금 이들은 한국 사회의 주류를 이루고 있습니다. 군사독재와 맞서 싸우면서 이념적으로 더 공고해진 이들 세대는 점차 대중적 기반을 넓혀갔고 이후 촛불 혁명의 주도 세력이 됩니다. 이들을 못마땅하게 여기는 윗세대는 보수로 분류되고 386세대는 진보 주류가 됩니다.

이전에도 세대 간 의식의 차이는 있었지만, 그저 산업화 세력과 일부 좌경화 세력 정도로 구분되던 것이 보, 혁의 갈등으로 자리 잡게 되었습니다. 그런데 이들도 이미 기득권 계층으로 분류되었습니다. 그들은 자신들이 주장하던 정의, 평등, 사회의 프레임 속에서 생겨나는 향유 공간을 쉽게 포기하지 않으려는 것입니다. 일자리, 연금, 의료복지 등의 문제에서 아래로는 밀레니얼 세대에게, 위로는 국제시장 세대로부터 공격을 받고 있습니다. 그럴수록 그들은 더욱 공고해지고 정년까지 늘

리려 하고 있습니다. 이들은 현재 공무원, 공기업, 공공기관에서 최고 경영층 또는 정책 결정 집단에 속해 있는 세대입니다. 공공 부문에서 어떤 의사결정을 할 때 가장 비중을 두고 고민해야 할 대상들이기도 합니다. 개발의 혜택은 제일 많이 보았으면서 개발의 역사는 식민사관적 역사라고 이율배반적 평가를 하는 이들 세대는 공공 부문에서 아마 다루기 가장 복잡한 계층일 것입니다.

1980년 이후 출생해 2000년을 유년기 또는 청년기로 맞은 세대는 밀레니얼 세대라 불립니다. 이들은 앞의 두 세대와 많이 다릅니다. 심지어 '완전히 다른 민족'처럼 보입니다. 앞의 두 세대에게 '번영과 성공', '평등과 정의'가 소중한 가치였다면 이들은 '공유와 속도'가 중요하고 디지털로 무장되어 있습니다. 모든 가치의 척도를 삶의 질과 연관하는 세대이기도 합니다. 이념적인 칸막이는 그리 높지 않고 국가나 타인이 개인의 삶에 들어와 자유와 미래를 침범하지만 않으면 대체로 무심한 입장입니다.

영리한 젊은이들은 이미 글로벌화되어 있고, BTS 등처럼 한국에서만 최고가 아니라 세계 최고가 되는 것이 그들이 지향하는 바입니다. 그러나 불행하게도 그들이 사는 세상의 여건이 그리 좋지 않습니다. 인구구조학적 문제에서 출발이 됩니다. 고령화, 저출산으로 양질의 일자리는 앞의 세대가 차지하고 있어 이들이 비집고 들어갈 공간이 없습니다.

노동조합도 좀처럼 기득권을 양보할 생각이 없어 보입니다. 결국 밀레니얼 세대는 88만 원짜리 아르바이트 등 열악한 일자리만 차지할 수밖에 없는 현실입니다. 결혼, 취업, 연애 등 3포 세대가 될 수밖에 없었습니다. 또 국민연금은 이들이 연금 세대가 될 때 지금 같은 상황이 계속되면 고갈될 것은 뻔하고 죽을힘을 다해도 집을 사기 어렵습니다.

이들이 꿈꾸는 세계는 글로벌 선진국 국민이지만 개개인 입장에서 보는 현실은 막막합니다. 미래도 암담합니다. 게다가 인구구조로 볼 때 앞으로 부양해야 할 노인 인구는 이들 세대 인구의 두 배가 될 수도 있습니다. 이러한 상황에 대한 모든 원망은 앞 세대를 향해 있고 이에 대해 속 시원히 대답을 해주지 않는 정부에 대해서도 화가 나 있습니다. 하루속히 연금 구조에 대한 대책이 나오고 부동산 문제도 먼 미래를 위한 균형된 정책 판단이 필요합니다. 청년들의 일자리를 빼앗는 구조로 기득권층의 일자리를 늘려서도 안 됩니다. 386세대가 밀레니얼 세대를 위해 다소 양보하는 사회적 공감대가 형성되어야 합니다. 그리고 공공 부문은 이러한 문제에 대해 더 많은 고민을 해야 합니다. 현재의 기득권층 등 양보하지 않으려는 집단의 저항이 거세겠지만 꼭 이루어내야 할 사항입니다.

가장 근본적인 해결책은 기업이 융숭해지고 이로 인해 일자리와 국가 재정이 탄탄해져서 각 세대의 상대적 불만을 최소화하고 밀레니얼 세대로부터 미래에 대한 계산서가 나오게 하는 길입니다. 하지만 무엇으로 희망을 갖게 하고 미래를 향해 나아가게 해줄 수 있는지, 다시 꿈꾸게 해줄 수 있는지, 공공 부문은 답을 해줘야 합니다. 청년층은 이제 더 이상 희망고문은 하지 말라고 외치고 있습니다. 이는 정권을 어느 세력이 차지하느냐에 관한 문제가 아니고 시대 의식의 흐름입니다. 기원전 17세기에 메소포타미아 문명 시절의 쐐기문자로 쓰여진 점토판에 "요즘 젊은이들은 너무 버릇이 없다"라고 쓰여져 있었다고 합니다.

이후 세대는 Z세대 또는 코로나 세대로 불리는 M세대마스크 세대로 이어지는데, 심한 개인주의와 무소유가 강조되는 구독경제 세대, 모바일이 신체 일부인 포노 사피엔스 세대 등 기득권층에서 보면 또 하나의 특별한 세대가 성장하고 있습니다.

세대 간 갈등은 어느 시대 어느 국가나 존재했습니다. 우리나라만 유독 심한 것도 아닙니다. 그래도 우리 젊은이들은 바르고 어른을 공경하는 마음을 늘 갖고 있고, 윗세대들은 자식을 위해 평생을 헌신하고 떠날 때도 무언가 남기고 싶어 합니다.

공공 부문에서 일하면서 세대 간 갈등을 지나치게 부정적으로 볼 필요는 없습니다. 물론 그렇다고 결코 가볍게 봐 넘길 사항도 아닙니다. 여기에서 다시 균형된 시각이 필요합니다. 균형은 양극단이 조금씩 양보하고 다가서는 데서 나옵니다. 그 속도와 방향을 정확히 잡아주는 게 공공 부문이 해야 할 가장 중요한 일입니다.

젠더 갈등, 어떻게 봐야 하나

한국은 요즘 무거운 갈등을 겪고 있습니다. 젠더, 즉 남녀 갈등입니다. 처음에는 인터넷상의 사소한 공방에서 시작되었고, 여성들의 미투 과정에서 논쟁이 확전되었습니다. 어려운 경제 상황 속에서 취업난을 겪으며 불안한 날들을 보내는 젊은 남성들이 상대적으로 역차별을 받고 있는 부분도 있다고 항변하며 갈등은 더욱 번지고 있는 상황입니다. 심지어는 정부 내에 여성부를 별도로 두는 나라가 얼마나 되느냐면서 여성에 대한 배려만큼, 의무적으로 군대를 가야 하는 청년 남성에게도 상응한 배려를 해줘야 한다며 목청을 높이고 있습니다.

원래 우리나라는 뿌리 깊은 남아선호사상과 여성들의 유리천장이 늘 사회적 이슈가 되어왔습니다. 특히 공공 부문의 유리천장은 일본과 함께 거의 하위 수준입니다. 지금도 중앙 부처의 여성 국장, 여성 임원이 나오면 기삿거리가 됩니다. 제가 속해 있던 한전 등 3대 공기업도 아직까지 여성 임원을 배출하지 못했습니다. '유리천장'은 눈에 보이지 않지만 결코 깨뜨릴 수 없는 장벽을 의미합니다. 고위직 승진

(단위: 명)

15,447

전체	15,447
공기업	2,930
준정부기관	5,476
기타 공공기관	7,041

출처: ALIO

을 막는 조직 내의 보이지 않는 벽을 뜻하며 사회적 약자, 특히 여성들에 대한 차별적 관행을 나타내는 표현입니다.

남성을 나타내는 한자 '男' 자에는 '口' 자 안에 '十' 자가 들어 있고 그 밑을 '力' 자가 받치고 있습니다. 즉 남자는 열 식구의 입을 책임져야 할 힘이 있어야 한다는 의미를 담고 있는 것입니다. 이전에는 가장이라는 이름으로 남성들이 책임과 권한을 독점해왔습니다. 여성들이 사회적으로 설 자리는 그만큼 좁을 수밖에 없었습니다. 그동안 많은 개선을 이뤄왔지만 베이비붐 세대만 해도 여성의 결혼과 사회 진출은 동반 사항이 아니고 선택 사항이었습니다. 이 땅의 여성 지도자를 길러내던 여자대학교에도 학생이 결혼하면 바로 퇴교시켜버리는 야만

우리나라 공공기관 연도별 육아휴직 여성 사용자 수 (2019년 12월 말 기준)

(단위: 명)

	2015년	2016년	2017년	2018년	2019년
전체	11,315	12,421	13,144	14,247	15,447
공기업	2,460	2,560	2,646	2,902	2,930
준정부기관	3,657	4,104	4,559	4,928	5,476
기타 공공기관	5,198	5,757	5,939	6,417	7,041

출처: ALIO

적인 학칙이 있었습니다. 그만큼 여성 지도자를 길러내는 데 장벽이 많았습니다.

사회 진출에 제도적 장벽은 없었지만 현실적으로 여성의 사회 진출, 특히 공공 부문은 진입도 쉽지 않았고 생존과 성공은 더더욱 어려웠습니다. 내가 행정고시에 합격했을 때 동기 합격자 117명 중 여성은 단 한 명도 없었습니다. 설사 공공 부문에 어렵게 들어왔다 해도 출산, 육아 과정을 잘 극복하고 적응한 경우는 극소수였습니다. 그 유리천장을 뚫으려 몸부림치다 좌절, 상실의 고통을 겪은, 제 주변의 세 여성 이야기를 해볼까 합니다.

먼저 내가 산업부 차관으로 있을 때 비서관으로 있던 여성의 이야기입니다. 그때만 해도 비서관은 늘 남성들의 몫이었습니다. 자기들끼리 다음 차관은 누가 될 것인지 예상한 뒤 자신들의 룰대로 비서관 자리는 사실상 미리 내정해두는 게 관례였습니다. 왜냐하면, 그 자리는 정부 내에서 성공이 보장되는 소위 '로열 패스Royal Path'의 첫 단계이고, 그 자리를 거친 사람 중 고속 승진을 하지 못한 사람은 거의 없기 때문에 여성에게 양보할 리가 없었습니다.

그러나 내가 차관으로 부임했을 때는 상황이 달랐습니다. 그동안 눈여겨봐두었던 활동력 있는 여성 사무관을 비서관으로 쓰겠다 했기 때문입니다. 남성들에게는 그야말로 경천동지할 사건이 되었습니다. 여성 비서관은 안 된다는 사유가 100가지도 넘었습니다. 그래도 나는 주장을 꺾지 않고 여성 비서관을 썼고, 그는 남성 이상으로 아주 일을 잘했습니다. 그런데 7~8개월 지나면서 표정이 점점 어두워지더니 점차 말수도 줄어들었습니다. 나중에 그 이유를 알아보니 혼기가 찬 그가 맞선을 보거나 소개팅을 하러 가면 번번이 퇴짜를 맞았다는 겁니다. 그 이유는 놀랍게도 비서관이라는 직위 때문이었습니다. 맞선을 본 남성들마다 그가 '비서'인 줄 알고 나왔다가 '비서관'이라는 말에 실망을 하고 돌아갔다는 내용이었습니다.

사회적으로 중요한 일을 하는 여성에게도 비서라는 외모 중심의 통속적 기대가 우선이었던 것입니다. 결국 혼기를 놓치고 40세가 되어서 늦은 결혼을 한 그는 면사포 쓰고 식장에 들어갈 때 하객들과 눈인사 다 하면서 씩씩하게 입장했습니다. 어쩌면 악수까지 할까봐 나는 슬쩍 걱정스러웠습니다. 유리천장 때문에 혼기를 놓친 그는 지금은 행복해하면서 여전히 씩씩하게 잘 살고 있습니다.

다음은 슬픈 이야기입니다. 역시 산자부 차관으로 지낼 때였습니다. 한 여성 연구관이 있었습니다. 중견 공학자로 명성을 쌓아가고 있었고 대인관계도 잘하는, 외모가 출중한 여성이었습니다. 즉 스타성이 있었습니다. 나는 연구관으로 있던 그에게 '산업환경과장'이라는 핵심 보직을 맡겼습니다. 산업과 환경은 늘 충돌이 있는 분야이므로 산업부의 최고 에이스이면서 전투력이 있는 간부가 대대로 맡아오던 자리입니다. 그는 내 기대에 어긋나지 않게 일을 눈부시게 잘했습니다. 공학으로 무장된 전투력으로 정부 부처 간 협의에서 발군의 실력을 발휘했고 그가 떴다 하면 상대방들이 바짝 긴장을 하며 협의에 임했습니다. 그가 최소한 산업부의 최초 여성 차관이 될 것이라고 많은 사람들이 예상했습니다. 그런데 1년쯤 지났을까 그의 얼굴이 창백해지고 거동이 좀 불편해졌다는 걸 눈치 챘습니다. 아쉽게도 뼈암이라는 무서운 병에 걸린 것입니다. 상당히 진행된 상태라 해서 나는 건강부터 챙기라며 휴직을 권했습니다. 그러나 그는 휠체어를 타고 출근을 했고 업무를 놓지 않았습니다. 병색이 완연한 몸으로 관련 부처로 협의를 하러 가면 상대방은 "제발 오지 말고 쉬세요. 그쪽 입장은 다 들어주겠습니다" 하면서 부담스러워했습니다.

그러던 어느 날 그는 내게 찾아볼 사람이 있으니 인천까지 좀 데려다 달라고 했습니다. 누군가 했더니 그의 정신적 지주 역할을 해온 '여성공학인회 회장'이었습니다. 그날 마지막 인사를 하러 간 것입니다. 서울로 돌아온 후 그는 "차관님, 저를 이렇게 발탁해서 여성들에 희망을 주신 것에 대해 무한한 감사를 드립니다"라며 가느다란 목소리로 인사를 했습니다. 그리고 얼마 후 아무도 만나지 않은 채 병원에 입원해 있던 그가 세상을 떠났다는 부음을 받았습니다. 빈소에서 화사한 웃음을 짓고 있는 그의 영정사진을 보고 얼마나 울었는지 모릅니다. 그는 여성의 유리천장을 깨다가 저세상으로 갔습니다. 지금까지 안타깝게 생각하고 있습니다.

세 번째 여성 이야기는 KOTRA 사장으로 있을 때의 사연인데 전해들은 내용입니다. KOTRA 직원들은 평생 5~6번의 해외 근무를 해야 합니다. 한 능력 있는 여직원이 첫 번째 해외 험지 근무를 마치고 국내에서 3년간 근무를 한 뒤 다시 두 번째 해외 파견 근무 차례가 되었습니다. 그의 첫 번째 해외 근무지가 워낙 힘든 곳이었기에 두 번째는 누구나 가고 싶어 하던 미국으로 발령이 났습니다. 그 사이 그는 결혼을 하고 아이도 낳았습니다. 그런데 미국 발령을 받고 그렇게 좋아하던 그가 상사를 찾아와 상담을 요청했습니다. 시댁에서 아이가 있는 엄마인데 해외로 도저히 보낼 수 없다고 하면서 적극 반대해 난처한 상황에 빠졌다는 얘기였습니다. 더구나 남편까지 동조하고 나섰고 시어머니는 "나는 애는 절대 봐줄 수 없다"며 가장 강력하게 반대하고 있다고 했습니다.

며칠 고민을 하던 그는 자기의 커리어를 희생시킬 수 없다고 판단하고 아기를 친정에서 맡기거나 안 되면 아이와 함께 출국할 생각까지 합니다. 그런데 며칠 후 그는 눈이 퉁퉁 부은 채 각 부서를 다니며 작별인사를 합니다. 본인의 강력한 의지에도 불구하고 시아버지가 회사에 와서 사표를 내고 갔다는 것입니다. 결국 그는 가정의 불화를 막기 위해 대신 자신의 '커리어'를 포기한 것입니다.

세 명의 여성 사례는 유리천장을 뚫으려 몸부림치다 좌절하거나 포기한 우리 여성들의 적나라한 이야기입니다.

남성들에게도 장벽은 있습니다. 이번에는 그들에 관한 이야기입니다. 군대에 가면 훈련 중 누구나 겪는 일입니다. 어찌 보면 가장 잔인한 벌이라고 생각합니다. 바로 '선착순'입니다. 한 소대 정도의 훈련병을 200미터 정도 단거리 뛰기를 시키고 먼저 들어온 서너 명은 끊어 휴식시간을 주고 나머지 훈련병을 다시 뛰게 하는 벌칙을, 군대에 다녀온 남성들은 수도 없이 받았을 것입니다. 마지막 몇 사람이 남을 때까지 이 벌칙은 계속됩니다. 서너 명씩 끊어서 쉬게 하고 나머지 사람들을 계속 뛰게 하다가 최종적으로 거의 탈진 상태가 된 낙오자들은 '엎드려 뻗쳐' 등의 기합을 또 받습니다. 물론 지구력과 인내력을 길러주는 훈련이라지만 나같이 뛰는 게 느린 사람에게는 이보다 더 잔인한 형벌이 없습니다. 그래서 훈련병들은 선택을 합니다. 첫 번째 레이스에서 심장이 터질 정도로 뛰어 승자의 안식을 누리거나, 아니면 어차피 뛰는 데는 자신이 없으니 천천히 요령 있게 뛰면서 레이스를 반복하거나 둘 중 하나를 선택합니다. 이러한 선착순 형벌은 개발도상국 대한민국 남성들 간의 경쟁을 단적으로 보여주는 한 사례입니다.

상류 10% 정도만이 성공의 영예와 안식을 누리고 또 포상도 보장됩니다. 그래서 많은 남성들이 자신의 개성과 자질을 포기하고 대기업 취업이나 고시 합격에 목을 맵니다. 높은 경쟁률을 뚫고 취업에 성공한 이들은 신분 상승을 하게 되고 금수저를 입에 물게 되는 것입니다. 주변에는 늘 90%의 탈락자가 있습니다. 이들은 1차 레이스에서 밀리고 2차, 3차 레이스에서도 계속 탈락합니다. 우리나라에서는 패자부활전을 기대하기도 힘듭니다. 미국의 스티브 잡스, 일본의 손정의, 중국의 마윈같이 청년 창업을 끝까지 지원하는 천사도 별로 없습니다. 이도저도 안 되면 결국 취업이 안 된 상태에서 국방의 의무를 수행하러 떠납니다. 이런 과정을 겪으며 좌절하고 사회로부터 도피하고 자포자기하며 사는 사람들의 사례는 수도 없이 많습니다. 이들은 동창모임에서도 점차 모습을 감추고 소위 '이생망이번 생은 망했다'의 자탄 속에 쓰러져갑니다.

그렇다면 잘나가는 10%의 인생은 행복할까요? 좋은 직장을 통해 일차적 성공은 했지만, 그들에게는 더 빡빡한 레이스가 계속 펼쳐집니다. 성공의 기대가 큰 만큼 중도 탈락의 비애는 더욱 심각합니다. 그래서 직장과 상사의 노예가 되고 꿈과 보람은 잊은 채 좀비처럼 살 수밖에 없는 것입니다. 1%의 선착순 승자만이 모든 것을 차지하는 이 처절한 경쟁 속에서 그들은 생존을 위해 오늘도 몸부림치고 있습니다.

최근에는 일부 공공 부문에서 여성의 취업률이 남성 취업률을 압도적으로 능가하기 시작했다는 소식도 들려옵니다. 외교부나 KOTRA 같은 기관이 대표적인 케이스입니다. 특히 어학을 중요시하는 사무직에는 어학에 강점을 보이는 여성들의 취업이 압도적입니다. 면접 점수도 여성이 강세입니다.

여기에 잠재적 '미투'도 늘 경계 대상입니다. 여성은 옹호하고 남성은 이해해야 됩니다. 옹호와 이해의 기본 감정은 '측은지심'입니다. 서로를 이해하면 보다 균형된 남녀 공존과 이해, 협력의 사회가 만들어집니다. 성별 간 갈등 해소는 공공 부문에서 먼저 자리 잡기를 바랍니다. 건배 구호 '위하여'를 외칩니다. '위: 윗사람이나, 하: 아랫사람이나, 여: 여성을 존중합시다.' 공공 부문은 여성에 대한 배려가 더 필요합니다. 특히 경제나 사회 체제 속 '소프트 파워Soft Power'가 중요해지는 때라서 여성의 역할이 더욱 커지고 있기 때문입니다.

리더로 가는 고독한 여정

어느 조직이든 리더급이 되려면 천운이 따라야 한다는 말이 있습니다. 특히 공공 부문은 한 우물을 최소 30년 정도 파야 톱 근처까지 올라갑니다. 과거 공공기관이나 공기업의 장은 외부 출신, 즉 낙하산을 타고 온 사람들이 대부분 차지하고 정권의 전리품처럼 여겨졌으나 요즘은 내부 출신이 톱이 되는 경우가 점차 늘어나고 있습니다. 앞으로도 그렇게 될 것입니다.

이제 이러한 사회 분위기로, 신입사원으로 들어와 대표가 되는 꿈을 꿀 수 있고 평생 공을 들일 만한 상황도 되었습니다. '꿈은 이루어진다 Dreams Come True'는 신념으로 벽돌을 쌓아가기 바랍니다. 이 주제도 저와 주위의 경험담을 중심으로 이야기를 풀어가고자 합니다. 지금까지 적응과 축적의 과정, 위기관리 그리고 균형감 있는 공인의식 등 공인으로서의 자세와 처신에 관해 말씀드렸습니다. 여기서는 후반기 공직자의 성공을 위한 보다 현실적이고 실천적인 이야기를 하려고 합니다.

공직자의 '입'과 '말'

"공직자는 말을 잘해야 한다?" 우리 문화에는 잘 안 맞는 조언입니다. 특히 공직의 덕목으로 "입이 무거워야 한다", "공무원은 말로 표현하는 것이 아니고 보고서로 표현한다"는 잠언들처럼 말 많은 사람들을 위험하게 보는 건 일반적 인식입니다. 당연히 "왜 말을 잘해야 해?", "달변은 타고나는 건데 나 같은 눌변은 그럼 성공을 포기해야 하나?" 등의 반론이 나올 수 있습니다. 아마 SNS에서 이런 말을 하면 험한 댓글들이 달릴지도 모릅니다.

그러나 말을 잘해야 된다는 의미는 그동안 딱딱하게 여겨져 왔던 공공의 사회도 이제 표현력이 중요해지는 시대로 들어섰다는 뜻입니다. 공무원이나 공공기관의 직원이 어려운 사정으로 찾아온 민원인에게 청원을 받아들일 수 없지만 이해를 시키는 능력, 부하직원이 자발적으로 즐겁게 일할 수 있게 하는 중간 간부의 설득 능력, 그리고 고위직 간부가 여러 사람 앞에서 연설할 경우 청중을 몰입시키는 호소 능력 등이 바로 말의 능력입니다.

표현력은 누가 잘 써준 것을 읽는다고 잘 전달되는 게 절대 아닙니다. 미국의 트럼프 대통령은 즉흥적이고 무식하고 거짓말 잘하고 과거의 사생활도 문제투성이에, 대통령이 되어 제대로 한 것도 없는데 아직도 40% 정도의 지지율을 받고 있습니다. 나는 이해도 안 되고 매우 의문스럽기까지 했습니다. 그래서 미국 친구에게 이유를 물었더니 "그는 어쨌든 자기 말을 한다"는 것이었습니다. 정치인이 아닌 공직에 있는 사람은 아무리 자기 하고 싶은 말을 자유롭게 해도 평생 조심스러운 삶을 살아왔기 때문에 '혀로 인한 구설수'에 휘말리는 경우는 거의 없습니다. 화려한 수사학도 능숙한 화술도 중요하지 않습니다. 생각이 정리된 진정성이 말에 담기면 됩니다. 말을 조리 있고 설득력 있게 하는 건 연습과 노력의 결과입니다. 노력할수록 좋아집니다.

나는 원래 눌변이었고 특히 다중 앞에서 이야기를 할 때 얼굴이 붉어지고 조리 없이 말하는 경우가 많았습니다. 또 공직에 있을 때는 표현력이 부족해도 듣는 사람이 어떻게든 파악하려고 애를 쓰기 때문에 대체로 큰 문제없이 넘어갔습니다.

그러나 잠시 작은 기관의 대표로 있으면서 행사에서 간단한 인사말이나 축사 등을 할 때가 종종 있었습니다. 남이 써준 것을 읽으면 듣는 사람들은 '존경하는 귀빈 여러분~' 할 때부터 졸기 시작했고 그러면 나는 맥이 빠지곤 했습니다. 그래서 원고 없이 말을 해보자 마음을 먹고 연습을 했습니다. 일단 할 말의 주제를 요약해 몇 번 연습을 한 뒤 연단에 올라가 원고 없이 연설을 하니 청중의 몰입도가 비교가 안 될 정도로 높아졌습니다. 청중의 반응을 느끼면서 말의 맛을 알게 됐고 재미있었습니다. 그때부터 지금까지 저는 연설을 할 때 원고 없이 즉석 스피치를 합니다. 믿기 어렵겠지만 심지어 써준 것을 못 읽습니다. 제 감정이 안 실리니까 억양도 안 나옵니다. 많은 사람들을 접하는 공공의 중견 직원이나 간부라면 원고 없이 스피치하는 연습을 해볼 것을 꼭 권하고 싶습니다.

간결한 표현과 정돈된 논리, 적절한 비유와 강한 메시지. 이런 것들이 잘하는 말의 구성 요소입니다. 이를 위해 많이 알아야 되고 또 많이 읽어야 한다고 생각합니다. 특히 문·사·철과 관련한 고전 등을 평소에 많이 읽으십시오. 처음에는 금세 잊어먹는 것 같지만 머릿속 어느 한 곳에 자리 잡고 있다가 필요할 때 나도 모르게 튀어나와 말을 향기롭고 윤택하게 해줍니다.

끊임없는 몰입

공조직은 무겁습니다. 그러니 공조직을 움직이고 더 나아가 춤추게 하는 건 보통 어려운 일이 아닙니다. 그래도 움직일 수 있도록 동기 부여를 해주는 게 리더의 능력입니다. 무엇보다도 솔선수범해야 합니다. 단합해서 성과 내라고 호령만 하면 밑에서는 대부분 시늉만 합니다. 실적 평가를 한다고 하면 '위장 실적 만들기', '남의 실적 빼앗기' 등 엉뚱한 상황도 벌어지곤 합니다. 흔히들 고래도 춤추게 하는 칭찬, 인사나 금전 등의 인센티브, 리더의 호소력 있는 미래에 대한 비전 제시, 외부로부터의 위협 등이 동기 부여의 수단이라고 합니다.

제가 한전 사장으로 있을 때의 사례 한 가지를 들려드리겠습니다. 한전은 프로 배구단이 있습니다. 남녀 프로 배구가 겨울 스포츠로 점차 시청률을 올리며 인기 스포츠로 부상할 때입니다. 한전 배구단은 공기업 팀이라 그런지 만년 꼴찌 팀이었습니다. 그러다 보니 지는 데 익숙해진 모양입니다. 공기업이어서 선수들에게 뒤로 주는 고액 스카우트 비용을 못 대주니 수준이 딸리는 건 당연한 일일 테고, 성적이 나빠도 단장이나 감독이 문책을 당하지도 않았습니다. 공기업 직원이기 때문입니다. 그러니 직원들도 전혀 관심을 보이지 않았습니다. 제가 취임하던 첫 해의 성적은 2승 26패였습니다. 2승도 챔피언전 진출 팀이 다 가려진 후 진출이 결정된 1, 2위 팀이 선수 보호 차원에서 외국 용병과 스타 선수를 다 빼고 시합을 했기 때문입니다. 아마 프로 배구팀 전체의 인기 유지를 위해서도 필요했을 것 같습니다.

시즌이 끝난 후에는 최하위 팀에 대한 최우수 신인 배정 원칙 때문에 전광인 등 우수 선수를 배정받았지만 다음 시즌에도 변화가 없었습니다. 다시 연패의 수렁에 빠졌고 나는 뭔가 확실한 동기 부여를 해야겠다고 생각했습니다. 그래서 선수단에 두 가지 제의를 했습니다. 첫째는 프로팀이 이길 때마다 승리 수당을 올려주겠다 했습니다. 당시 승리 수당은 1,500만 원이었는데 승리할 경우 코치진뿐 아니라 웜업존의 후보 선수들까지 나눠 갖는 장려금입니다. 나는 연승을 하면 '따블', 3연승을 하면 '따따블'로 주겠다고 약속했습니다. 둘째는 사장인 내가 당분간 경기장을 찾아가 응원을 하겠다고 했습니다.

그렇다고 무슨 효과가 있을까 했는데 기적이 일어났습니다. 전패 팀이 9연승을 한 것입니다. 당연히 배구계에서도 난리가 났고, 언론은 연일 대서특필했습니다. 그러자 직원들도 경기장을 자발적으로 찾았고, 일반 관람객들도 광팬이 되면서 수원 홈구장은 연일 매진이었습니다. 전국의 한전 직원뿐 아니라 UAE 바라카 원전 건설 현장의 직원과 근로자 등 해외 사업장에서까지 경기가 있는 날이면 TV나 대형 스크린 앞에 모여 한마음이 되었습니다. 선수들은 인터뷰에서 "미친놈같이 뛰었습니다"라고 말할 정도로 몸을 날렸습니다. 심지어 팔이 못 미치는 지점의 공도 척척 처리했는데 마치 팔이 솟아나는 느낌이었다고 합니다. 몰입의 힘이었습니다. 발레리나는 최고의 몰입 순간에 생각도 못한 창의적 예술적 동작이 나온다는 말이 있습니다. 같은 이치입니다. 그해 챔프전에는 못 올라갔지만 10년이 넘도록 아주 오랜만에 포스트 시즌에 진출하는 쾌거를 올렸습니다.

저는 경기장 방문 약속도 다 못 지켰고, 계속 배로 오르는 승리 수당도 전액 주지 못했습니다. 1,500만 원씩 매번 이길 때마다 배로 계산하면 9연승 승리 수당이 얼마인지 아시나요? 무려 76억 6,500만 원입니다. 기하급수의 힘이 그렇게 큰 줄 그때 실감했습니다. 그래도 상당액의 승리 수당을 지급했고, 선수들은 행복해했습니다. 전 직원들도 한 해가 즐거워서였는지 일을 열심히 해 그해 한전 경영 실적도 아주 좋았습니다.

공공 부문에서 돈과 인사로 파격적인 동기 부여를 하는 건 한계가 있습니다. 구성원들을 몰입시키고 성과를 내게 하는 것은 결국 조직과 구성원들의 자존심을 올려주는 일입니다. 이를테면 만년 꼴찌 프로팀이 다른 팀에게 경계의 대상이 되었을 때 느끼는 자존심과 같은 것입니다. 몰입을 위한 동기 부여를 해주지 못하는 리더는 자격이 없습니다. 공공 부문의 자존심을 세워주는 방법은 여러 가지 있습니다. 리더는 그것을 꼭 찾아내야 합니다.

인재 활용의 공식, 6:3:1

민간기업의 조직 형태는 천차만별입니다. 요즘 대기업에서는 직위 호칭을 없애고 상하 간에도 OOO 님으로만 호칭한다고 합니다. 수직적으로는 단순화되고 수평적으로는 세포화되어 협동과 견제가 작동하면서, 한편으로는 최고경영자의 지휘 체계와 감독을 위한 직속 조직도 같이 운영하는 것이 일반적입니다.

반면 공공 부문의 조직은 여전히 피라미드 형태입니다. MB 정부 때는 심지어 공무원 조직에 민간기업의 본부장제를 도입하는 등 변화를 시도해봤지만 결국은 크게 바뀌지 않았고 지금까지 그 문화 그대로입니다.

공공 부문의 조직은 올라갈수록 지휘 범위Span of Control가 넓어지는데, 밑의 인력을 어떻게 활용하느냐에 따라 리더의 성과가 달라진다고 생각합니다. 리더는 태어나는 것이 아니고 만들어집니다. 사람을 잘 써야 합니다. 이종재 대표와의 대화록에서도 언급했지만, 어느 조직에 10명이 있다면 나는 6명은 일을 잘하는 사람, 3명은 편안한 사람, 마지막

1명은 좀 부족한 듯하지만 우직한 사람을 쓰라고 권하고 싶습니다. 일 잘하는 사람만으로 100% 채우면 조직 내 갈등이 심해지고 리더는 불편해지고 종합적으로 볼 때 상의할 사람이 없어집니다. 리더도 인간인데 3명 정도에게는 사적인 이야기도 하고 아부성 칭찬도 좀 듣고 싶을 겁니다. 리더의 직장생활도 즐겁게 해주는 사람이 필요합니다. 그리고 마지막으로, 가끔 야단도 치고 들볶아도 한결같은 마음으로 머리보다는 발로 뛰어다니며 충성을 보이는 한 사람쯤 역시 필요합니다. 아마 리더가 위기에 빠지거나 좌절할 때 또는 은퇴 후에 끝까지 옆에 남아 있을 사람은 그 한 명일 것입니다. 아주 소중한 사람입니다.

리더는 천재와 괴짜를 알아볼 줄도 알아야 합니다. 사람 보는 눈을 키우십시오. 공공 부문은 흔히들 신발을 발에 맞추는 것이 아니라 발을 신발에 맞추는 곳이라고 합니다. 집단사고 등이 팽배해 있기 때문입니다. 그래서 누군가 새로운 아이디어나 역발상을 해도 묻혀버리거나 아예 묵살될 수 있습니다. 〈숨은 인재Hidden Figure〉라는 영화가 있습니다. 미국과 소련이 초기에 우주선 경쟁을 할 때 NASA의 지독한 인종 차별 속에서 세 명의 흑인 천재 여성을 발굴해 그들에게 기회를 준 단장캐빈 코스트너 이야기입니다. 리더는 인재를 알아보는 눈이 있어야 합니다. 그런데 공공 부문의 인재 개발 시스템으로는 천재와 괴짜를 찾기 어렵습니다.

어느 공기업에서 괴짜와 천재를 찾을 수 있는 방안을 만들어오라고 인사 부서에 지시를 했더니 토익 몇 점 등과 같은 상식의 궤를 벗어나지 못한 방법을 보고해 포기한 적이 있다는 이야기를 들은 바 있습니다. 리더는 젊은 실무자들을 자주 만나 그들과의 대화에서 비범성을 찾아 활용하는 안목과 지혜가 있어야 합니다. 그러려면 남들이 안 가는 길로 가보는 용기도 필요하겠지요?

성공하는 리더의 3가지 금기

공공 분야 종사자들에게는 금기 사항이 참으로 많습니다. 특히 국가가 어려울 때나 재난 시기에는 당연한 권리임에도 국민 정서에 어긋난다는 이유로 하지 못하는 것이 많습니다. 예를 들면 수해가 났을 때 담당 업무가 아니어도 항상 비상 대기를 해야 하고 전체 분위기가 뒤숭숭해 휴가를 연기했다가 결국은 시기를 놓쳐 못 가는 사례는 부지기수입니다.

제가 한전에 와서 두 번째 해에 여름 전력난이 심각했습니다. 담당 부서뿐 아니라 모든 임직원이 여름휴가를 갈 엄두를 못 내고 있더군요. 그런데 정작 전력 수급상 제일 위험한 시기는 휴가 시즌이 끝나고 산업체가 다시 풀가동될 때입니다. 나는 그전에 직원들이 휴가를 일찍 다녀오는 것이 오히려 수급 관리 대처 방안에 도움이 된다고 생각했습니다. 그런데 국민 정서 때문에 다들 눈치를 보고 있었습니다. 보다 못해 저는 전 직원 게시판에 "부하직원 휴가 잘라먹는 상사는 3대가 저주를 받을 것입니다"라는 글을 올렸습니다. 모든 직원들이 환호하며 뒤집어졌고, 그해 나만 빼고 모두가 여름휴가를 다녀왔습니다. 그리고 그 후로 자연스럽게 그런 휴가 문화가 정착되었습니다. 물론 직원들의 휴가 때문에 정전 사태 같은 건 발생하지 않았습니다.

공공 부문 리더로 가는 길에서 절대로 해서는 안 되는 금기 사항 세 가지를 말씀드리겠습니다. 첫째는 달콤한 뱀의 유혹입니다. 넘어가서는 결코 안 됩니다. 바로 패가망신하는 길입니다. 공적 기관들도 지원이든 규제든 직책상의 일정한 권한이 있습니다. 그래서 유혹도 있습니다. 하지만 대부분의 공직자들은 이에 대해 늘 경계합니다.

그러나 처음부터 공직자에게 거래를 하자고 접근하는 경우는 거의 없습니다. 그저 인간적으로 친해보자 하면서 경계를 풀게 하고, 시간이 지난 후 청탁을 해 순진한 공직자들이 올가미에 빠지곤 합니다. 그래서 일생을 망친 사람들을 종종 봅니다. 어떤 경우에도 돈은 받지 마십시오. 청탁도 가급적 거절하는 게 좋습니다. 불만을 표시하면 인간관계를 끊는 게 오히려 낫습니다. 그래도 인간적으로 뭔가 도와주고 싶은 마음이 드는 사람이 있기 마련입니다. 그럴 때는 위법이 아닌 선에서 재량껏 성의껏 상담해주면 됩니다. 대신 어떤 사례도 받지 말아야 합니다. '설마 이것 하나쯤은'이라는 생각은 지워버려야 합니다. 설마가 사람 잡는 일이 종종 있기 때문입니다.

둘째는 분노입니다. 나도 실무진일 때 가끔 당했지만 어떤 간부들은 화가 나면 분노를 조절하지 못합니다. 거의 장애라 할 만한 수준입니다. 조직생활에서 윗사람으로부터 꾸중을 듣는 건 늘 있는 일입니다. 대부분 교육 목적이거나 앞으로 더 잘하라는 경각심 고취 차원에서 하는 질책입니다. 듣는 쪽도 다소 억울하더라도 받아들입니다. 그런데 간혹 부하직원의 자존심을 건드리고 상처를 주는 상사들이 있습니다. "다른 직원들은 안 그런데 당신만 왜 늘 그 모양이야?"와 같이 비교하면서 심하게 나무라거나 "도대체 머리는 어디다 두고 다니는 거야?" 하면서 막말을 합니다. 이런 경우 아무리 좋은 의미로 나무란다 하더라도 감정이 생기고 더 악화되면 인간관계를 해치고 원한 관계로까지 갈 수 있습니다.

'분노조절장애'는 일종의 정신질환이지만 사회적으로는 '상사 갑질'로 취급되어 대부분 당사자들이 치명적인 타격을 받습니다. 특히 상사의 분노조절장애는 민간기업, 특히 중소기업에서 종종 문제가 되지만 의외로 공공 부문에서도 많이 발생합니다. 다만 외부로 노출되지 않았을 뿐입니다. 화가 많이 나더라도 심호흡 한 번 하고 나면 대부분 가라 앉습니다. 한 번만 참으면 비극을 막을 수 있는데 안타까운 일이 발생하기도 합니다. 공직에서 그런 사람으로 낙인이 찍히면 성공은 사실상 물 건너갔다고 보면 됩니다. 참을 수 없는 상황이 지속되고 조절이 안 되면 병원 치료를 꼭 받아보라고 권하고 싶습니다.

한 지방 관서의 민원 창구에 있던 공무원이 화가 난 민원인을 달래다가 일어났던 에피소드입니다. 사실상 받아줄 수 없는 민원이라 어려운 사유를 조근조근 설명했는데 막무가내였습니다. 민원인은 언성이 점점 높아지더니 인신공격까지 했습니다. "공무원이란 것들이 내가 낸 비싼 세금으로 월급받으면서 아무 일도 안하고…." 공무원도 점점 화가 났으나 그래도 참고 다시 차분히 설명을 했습니다. 그러자 "너하고는 얘기가 안 돼. 네 윗사람 나오라고 해!"라고 소리쳤다 합니다. 그때 공무원이 "네, 제가 제일 무서워하는 윗사람은 제 아내인데 집에 있는데 나오라고 할까요?"라고 응수했고, 순간 민원인은 웃음을 터뜨리고 말았답니다. 그리하여 상황은 아주 원만하게 수습되었다고 합니다. 분노조절장애 있으신 분들이 공직자 참고하시기 바랍니다.

리더의 결격 사유로 꼽히는 또 하나의 문제는 공정심 상실입니다. 조직 내 아랫사람들 줄 세우기, 편 가르기를 선동하는 행위입니다. 공공 부문에 입문하는 사람들은 큰돈을 벌거나 권력을 갖기 위해 일하는 것이 아니고 공공의 이익을 위해 아이디어를 내고 성과물을 만들어 평판과 명성, 영향력을 얻기 위해 일하는 사람들입니다. 그리고 그러한 성과를 크게 내기 위해 조직 내에서 인정을 받고 승진 등 인사 면에서 보답을 받는 데 모든 것을 겁니다. 당연히 인사 면에서 공정성에 의심을 갖고 불만을 갖게 되면 그 반발과 후유증은 막심합니다. 공정성을 가장 크게 해치는 건 리더가 자기 사람들로 줄 세우기, 편 가르기를 하는 거라고 생각합니다. 그래서 심하게 불이익을 받았다고 생각하면 편 가르기를 하는 상사, 즉 리더를 공격 대상으로 삼고 그 양상도 결사적입니다. 이렇게 되면 양 같은 공공 부문의 종사자들은 내부의 문제를 외부로 알리는 '휘슬 블로어Whistle Blower'로 무섭게 바뀌고, 이는 결국 조직 전체의 치명적 위기로 이어집니다. 정해진 수순이라고 해도 과언이 아닙니다. 공공조직에서는 매우 흔한 사례이고 공공기관이기 때문에 사회적 사건이 되면 그 조직은 걷잡을 수 없는 수렁에 빠집니다. 이러한 위험성은 공기업에서 가장 많이 발생합니다. '차이는 인정해도 차별은 받아들이지 못한다.' 리더가 되려는 사람이 명심해야 될 사항입니다.

'장長'이 된다는 것

　공공 부문의 '장' 자리는 결코 즐거운 자리가 아닙니다. 또 노력한 만큼 사회적으로 넉넉한 평가를 받는 것도 아닙니다. 공공 부문의 신입 연봉과 대기업 신입 연봉은 큰 차이가 없습니다. 하지만 30년 후 '장'의 자리에서 볼 때 공기업 사장과 민간 대기업 사장의 연봉은 거의 10배 이상 차이가 납니다. 평생 노력하고 공을 들인 것에 비하면 보상을 못 받는다는 생각도 들 수 있습니다. 또 공직의 장, 즉 고위공무원, 공기업이나 공공기관의 대표들은 정말 시간에 많이 쫓깁니다. 부르는 데가 하도 많아서입니다. 국회, 청와대, 세종시 정부 부처, 다양한 행사장, 그리고 회의와 보고 등 정신없이 불려 다닙니다. 중앙 부처, 지방 관서, 지방 의원 등 여기저기 상전투성이입니다. 그것도 대참도 허용 안 돼 본인이 직접 뛰어다녀야 합니다.

　경상남도 쪽에 있는 한 공기업의 '장'은 근무기간 5일 중 최소 3번 내지 4번은 서울과 정부기관이 있는 세종시를 오가야 한다고 하소연했습니다. 그러면 하루가 다 갑니다. 보고는 대부분 차 안에서 전화로 받고 지시해야 합니다. 거의 매일 큰 어른이 회사를 비우니 회사 분위기는 편안하지만 느슨해져 능률에 문제가 생깁니다.

　사방이 천적들입니다. 그것도 싸워서 이겨야 할 대상이 아니고 같이 공존하며 살아야 할 천적들입니다. 언론, 정보기관, 노조, 시민단체 등이 대상입니다. 이들과 늘 대화하며 소통하는 것도 '장'의 몫입니다. 내부에서 올라간 사람은 좀 덜하지만 외부에서 소위 낙하산으로 임명된 '장'들은 조직 통솔이 어렵습니다. 어차피 임기가 있는 분이니 그저 잘 맞춰드리면 된다는 직원들의 심리가 있고, 업무도 잘 모르고 잘못되면 책임은 '장'이 몽땅 져야 하니 소극적이 되고 노조와도 '좋은 것이 좋은 것이다'라는 관계가 되는 것입니다. 2년이 지나고 이제 업무 파악도 되고 조직 장악 및 천적들과 소통할 만하면 벌써 임기가 다 되어 레임덕에 들어갑니다.

공공기관의 '장'은 숨을 곳이 없습니다. 그들의 말과 행동, 결정은 다 감시당하고 언론에 알려집니다. 사건 발생이나 재난 상황 등 조직의 위기가 있을 때 부책임자나 대변인 또는 실무자가 나가서 해명하면 언론의 몰매를 맞습니다. 국회, 지방의회, 국정감사 등 질의 답변 시에 까다롭고 공격적인 질문이 나올 때 도움을 얻기 위해 뒷자리의 참모들을 돌아보면 그들은 또 뒤를 돌아보고, 그 뒷자리의 이들도 또 뒤를 돌아보고, 마지막 줄에 앉아 있는 실무자는 고개를 푹 숙이며 눈길을 피합니다. 구원이 없습니다. 결국 본인이 감당해야 합니다. 잘못하면 '장'은 '무능한 사령관'으로 조직 내에 순식간에 퍼집니다.

이와 같이 재미없는 자리인데 왜 모두들 될 수만 있다면 공직의 리더가 되고 싶어 하는 걸까요? 그것은 바로 '영향력Influence' 때문입니다. 자기의 생각과 철학이 사회에 미치는 영향이 크고 범위가 넓기 때문입니다. 회사의 오너를 위해 일하는 것이 아니고, 공동 사회와 공공의 이익, 공공의 선을 위해 일하는 당당함과 자부심이 있기 때문입니다. 만만치 않은 어려움들도 극복해야 하지만, 그들에게도 '소확행'은 있습니다. 국민들과 소통하면서 받는 고마움과 존경심, 퇴근 후 가까운 동료 또는 부하들과의 소박한 술자리, 주말에 방해받지 않고 가족들과 누릴 수 있는 단란한 시간들···. 여기에 공무원들은 퇴직 후의 연금도 기대할 수 있습니다.

이종재   앞에서는 공직을 희망하는, 공직에 취업하거나 공공 부문에서 인생을 출발하고 싶은 젊은이들에게 취업 성공의 길 내지는 어떤 자세를 가져야 하는지를 말씀하셨다면 여기에서는 '이런 자세가 공직자의 성공적인 삶이다.' 이렇게 시작합니다.

앞에서 공인의 삶을 시작할 때 의식이 매우 중요하다는 말씀을 하시면서 교육 과정에 대해서도 언급하셨는데 그건 연수 과정이겠죠. 그리고 각자의 전문성을 이때부터 쌓기 시작하라는 말씀이 요지로 이해됩니다.

몇 가지 주신 말씀 중에서 부연 설명이 필요해 보이는 내용에 대해 여쭙겠습니다. '입사 동기는 평생 동반자이자 라이벌이다'라는 대목입니다. 공직사회를 처음 경험하는 사람들은 그걸 모를 수 있거든요. 그런데 이런 사람들이 진짜 동반자이기도 하고 알게 모르게 경쟁하는 사람이란 말이에요. 평생 동반자인 동기, 어떤 의미로 이해해야 할까요?

조환익   예를 들면, 내 동기 중 한 사람이 코로나19 상황에서 상을 당했을 때 상주가 코로나 때문에 문상을 안 받겠다 해도 찾아가서 조문하는 게 동기애입니다. 물론 승진이라든지 인사가 걸렸을 때는 경쟁도 하게 되지만, 한 사람이 실망해서 낙담할 때, 좌절할 때 제일 먼저 다가가 소주 한 잔 기울여주고 위로해주고 앞으로 갈 길도 알려주고 그런 사람이 동기인 거죠.

나도 굉장히 어려울 때가 있었는데, 사표를 내려고 했더니 동기 중 한 명이 "그러지 말고 우리 점 보러 가자" 해서 사당동에 있는 어디론가로 갔어요. 그 사람이 쭉 보더니 "당신은 여기서 끝낼 사람이 아니다. 늘 자기 속에서 끓어오르는 열을 못 참아서 결정이 빠를 수 있으니 많이 참아야 한다. 이번 상황도 그런 경우니 조금만 참으면 반드시 보답이 있을 것이다"라고 해서 슬쩍 점괘에 기대며 참았죠. 그리고 그 후 좋아졌다는 말이에요. 또 인기 있는 동기는 밥 잘 사주는 사람, 필요한 정보를 잘 빼내 오는 사람이에요. 그런 사람들이 쭉 오래가요. 밥 잘 사주는 사람은 계속 잘 사주고, 정보 잘 알려주는 민첩한 친구랑도 계속 이어져요. 자신만의 안위를 돌볼 게 아니라 서로에게 활력소가 돼줘야 해요.

이종재   그 말씀 이어서 두 가지를 더 묻고 싶은데, 하나는 고시도 그렇지만, 일반적으로 직장 동기는 나이 차가 있을 수 있습니다. 같은 직장이라도 누구는 20대에 취업하고, 누구는 학교 선생을 하다가 입사하고 이런 경우들이 있죠. 늦게 들어왔어도 나름대로 나이에 맞게 잘 처신하는 사람들을 많이 봤어요. 느지막하게 공직생활을 시작했지만, 동기들보다 먼저 고위직에 올라가기도 하죠. 이때 동기들도 용인하는 그런 분위기가 있습니다. 하지만 다른 요인들도 많겠지요?

조환익   맞아요. 오히려 늦게 들어온 사람이 더 빨리 가요. 그 사람이 "에헴. 내가 형이다" 하면 점점 소외됩니다. 하지만 대부분 늦게 들어온 사람들은 사회 경험을 많이 해서, 베풀 줄 알고 도움이 되는 이야기도 많이 해줍니다. 그래서 사람들이 많이 따르죠. 그런 사람들이 대부분 성공하고, 동기 회장도 많이 하죠.

이종재   저는 바로 그 대목에서 이런 얘기를 드리고 싶었습니다. 입사해 같은 출발선상에 섰는데 자기는 동기들과 나이 차이도 있고 늦게 들어왔다고 그걸 핸디캡으로 생각하는 사람이 있습니다. 그러나 공직사회에서 나이 많은 건 절대 흠이 아니고 자신이 하기에 따라 충분히 성공할 수 있다고 봅니다. 민간기업과는 또 다른 분위기죠. 저는 그런 예를 수없이 봐왔습니다. 늦게 시작했다고 그 뒤의 시간도 늦게 가는 게 아니라는 걸 강조하고 싶습니다. 인기 있는 동기의 예로 정보가 많은 사람, 밥 잘 사주는 사람, 대인관계에 능숙한 사람, 그리고 네트워크를 들어주셨는데, 저는 거기에 이 내용을 덧붙였으면 해요. 민간이나 공공 부문이나 다를 바 없더라고요. 흔히들 사회생활 잘하는 여섯 가지 'ㄲ'이 있다잖아요. '깡, 끼, 끈, 꾀, 꼴, 꿈'인데요. '깡'은 대부분 남자의 경우를 떠올리게 됩니다만, 어찌되었든 어느 상황에서든 당당해야 한다는 거예요. 그리고 '끼'가 있어야 한다. 사장님이 말씀하신, 사람들과 어울리는 사람 얘기지요. 다음에 '끈'이라는 건 '줄'이라 표현하신 거죠. 사회생활은 어쩔 수 없는 것 같아요. 줄에 대한 호불호 내지는 평이 있을 수 있지만, 분명한 건 엄연히 존재하고 있는 현실입니다. '꾀'는 요령이 있어야 한다는 말이요. '꼴'은 듣는 사람에 따라 거부감이 있을 수도 있지만, 잘생기고 못생기고를 떠나 늘 단정하게 하려는 노력, 스스로 꼴을 갖추려는 노력, 그런 것들이 사회생활하는 데 중요하다는 얘기겠고요.

그러나 가장 중요한 건 역시 '꿈'이라고 생각해요. 늘 꿈을 잃지 않는 것. 이게 첫 장에서 말씀하신 입문 단계에서 아주 중요한 덕목이라고 봐요. 또 하나는 네트워크를 입문 단계에서 간직해야 한다고 하셨는데, 당연히 동의하구요. 저는 전문성만큼 소중한 가치는 없는 것 같습니다. 자기가 맡은 분야에서 논리정연하게 얘기하고 처리해내는 전문성은 정말 중요합니다. 또 하나 덧붙인다면 물론 다른 것들에도 다 녹아 있다고 봅니다만 배려에 대해서는 또 다른 큰 의미로 얘기해도 무리가 없겠다 싶어요. 반에서 1등하는 학생과 전교에서 1등하는 학생은 차이가 있다고 하지요. 반에서 1등하는 학생은 친구가 모르는 걸 물어보면 아는 것만 답해준다고 합니다. 모르는 것도 있으니 그저 자신은 모르겠다고만 한다는 거예요. 그러나 전교에서 1등하는 친구는 "나도 그거 모르는데 알아봐줄게" 하고 집에 가서 그걸 공부해서 이해한 다음 친구에게 가르쳐준다는 거죠. 그러면 몰랐던 것을 자기도 공부하고 물어본 친구에게도 가르쳐주는 셈이 되죠. 이런 자세를 갖춘 친구는 전교 1등을 하면서도 친구들에게도 환영을 받는대요. 아는 것만 가르쳐주고 넘어가는 친구보다, 모르는 것도 알아봐서 적극적으로 가르쳐주려는 친구가 자기 실력도 늘겠죠. 더 중요한 것은 그 바탕에 '배려'라는 것이 있습니다. 저는 그 점이 어느 생활이든 늘 간직해야 할 중요한 덕목이라고 생각해요.

조환익 배려라는 건 'Consideration'이에요. 'Consider'는 깊이 생각한다는 의미잖아요. 요청 안 해도 상대방을 도와주고 챙겨주려고 하는, 미리 앞서 가서 생각해준다는 거죠. 지금 이 대표가 끈, 깡 등을 말씀하셨는데 제가 꼭 드리고 싶은 말씀은 끈이에요. 끈은 필요하다고 봐요. 내가 잡기 싫어도 '끈'을 내미는 사람도 있잖아요.

그리고 하고 싶은 말은 "끈은 하나만 잡지 마라"입니다. 하나만 잡으면 굉장히 위험할 수 있어요. 특히 공공 부문에서는 톱, 기관장 자리가 바뀌기 때문에, 바뀔 곳은 싹 다 바꿔요. 심지어는 적폐 대상이 될 때도 있지요. 그래서 끈은 하나만 잡으면 안 돼요. 전문성을 무기로 밤에는 유비 군사와 저녁 먹고 낮에는 조조 군사와 점심 먹으면서 지내야 해요. 두루두루 좋은 평판을 받는다고 지조가 없는 사람일까요?

이종재 마치 "줏대 없는 사람이 돼라"는 말로 들리는데요?(웃음) 사실 젊은이들에게 이런 얘기를 하면 조금 거부감이 있을 거예요. 현실과는 다른 맥락에서 하시는 말씀이라고 이해합니다. 끈은 분명히 존재하고, 그걸 어떻게 잘 활용하느냐… 아까 말씀 중에서 밥 잘 사주는 사람 얘기를 해주셨는데, 사실 그런 말이 있습니다. 공부 열심히 해서 석사를 따잖아요. 그런데 석사보다 더 중요한 게 '식사'고, 박사보다 더 중요한 게 '밥사'라는…. 그리고 인생에 중요한 건 봉사라네요. 이런 마음은 돈이 있어서 그렇게 하는 건 아니잖아요.

🧑 조환익　줏대 없는 사람이 되라는 게 아니고 유연하게 인간관계를 하라는 말이죠. 내가 책에서 한 말이 있어요. 동의하실지는 잘 모르겠지만, 4가지 'ㅁ' 얘기를 했거든요. 인간관계를 잘하려면 네 가지가 필요하다고 봐요. 첫 번째는 만나야 하고, 두 번째는 먹어야 하고, 세 번째는 말해야 하고, 네 번째는 만져야 하고. 스킨십은 코로나19 사회에서는 힘들지만, 어깨를 두드려주고 가끔 호흡도 맞춰주고 마음도 챙겨주라는 그런 뜻이거든요. 이런 노력이 있어야 지속가능한 관계가 됩니다. 모든 인연들은 소중하니 너무 단기적으로 보지 말라는 얘기예요. 물론 불편한 관계도 있죠. 어찌 보면 직장생활은 불편한 경우가 더 많고 괜히 트집잡히는 일도 있지만, 상하관계에서 불편함이 있을 때는 윗사람이 더 마음고생을 한다는 걸 알고 있어야 해요.

그다음에는 윗사람을 잘 모시라는 건데, 소위 '보스 매니지먼트'라고도 하죠. 제 경우는 본문에서 말씀드렸지요. 윗사람도 칭찬받고 싶어 해요. 그 속마음을 꿰뚫어보지 못하고 마음 상하게 하여 그 사건이 제 인생의 큰 전환점이 되었다는 이야기를 했지요. 윗사람의 마음을 얻기 위해서는 적절한 칭찬과 품격 있는 아부도 필요한 것입니다. 윗사람도 인간이잖아요. 그건 일종의 '상향식 커뮤니케이션이다'라고 생각합니다. 어떻게 생각하시나요?

🧑 이종재　전적으로 동의합니다. 상향식 소통이란 표현이 아주 절절하게 다가옵니다. 사장님은 공직에서 공공기관에서, 전문 공직자들이 갈 수 있는 최고의 자리에 오르셨고, 또 공공 부문의 달인이란 별칭이 어색하지 않은 분

이십니다. 그래서 질문을 드리고 싶은데, 아까 제가 말씀드린 여섯 가지 '깡', '끼', '끈', '꾀', '꼴', '꿈' 중에서, 세 가지가 정말 뛰어나다 생각하거든요. 스스로는 뭐라고 생각하십니까?(머뭇머뭇~) 제가 먼저 말씀드려볼까요? 사장님은 '깡'과 '꿈'이 정말 남다르다고 생각합니다.

다시 말씀드리면 판단이 단호하십니다. 사장님이 1급 공무원일 때 사표를 내셨는데 제가 그 당시 "왜 꼭 그래야 하십니까?"라고 말씀을 드렸죠. 그때 하시는 말씀을 다 듣고 나서 "그렇다면 존중합니다"라고 말씀드렸던 기억이 납니다. 내가 가겠다 하는 길은 가시는 단호함, 그리고 굉장히 전략적이고 분석적이십니다. 이에 대해 인정하실지는 모르겠지만, 상대적으로도 절대적으로도 그렇습니다. 특히 꿈에 관한 이야기를 자주 하셨죠. 그게 저한테는 굉장히 인상적이었어요. 하지만 역으로 '끼'나 '끈', 그리고 소위 '꼴'은 상대적으로 없다는 생각인데 어떠신가요? 처음에 조 사장님 뵌 것은 청와대에서 산업부로 내려와 공보관을 맡으셨을 때예요. 흔히들 말하는 공보관은 술도 팍팍 잘 마시고 기자들이랑 잘 어울리는 활달한 사람이라야 했죠. 그런데 아주 조용한 성품이셨어요. 키만 무지하게 커서 '어? 저런 분이 어떻게 공보관을 하지?' 이런 생각을 했지요. 사실 대변인이라는 건 장관과 부처의 얼굴로서 늘 외부 사람들과 관계해야 하는 사람인데, 첫인상이 그랬습니다. 그게 여섯 가지 'ㄲ' 중에 '꼴'이었는데, 상대적으로 약하다 느꼈어요. '끼'는 원래 늘 진지하시니까 딴 동네 얘기였고, '끈'에 대해서는 색다른 경험이 있지요. 공보관 시절 장·차관이 싸울 때를 예로 들고 싶어요. 당시 갈등이 심한 장·차관이었어요. 이 두 분이 싸우면 어떻게 되겠어요. 그런데 사장님은 잘 넘기셨어요. 그게 '꾀'였는지는 모르겠지만요. 기자들에게는 그럴 때마다 성공적으로 대응을 잘하셨지요. 질문드리지요. 여섯 가지 'ㄲ' 중 정말 중요한 세 가지를 꼽으라면 무엇을 말씀하시겠습니까?

| 조환익 | 대답 이전에 나에 관한 이야기의 반쯤만 동의합니다. 젊었을 때는 '깡'이나 꿈이 상당히 있었지요. 그래서 사표도 여러 번 냈고 윗사람과 한바탕 하기도 하고 다른 부처나 기관과 갈등이 있을 때도 꽤 잘 싸웠는데요(이종재 기자와 싸운 적도 좀 있었던 것 같은데…). 그리고 엉뚱한 아이디어도 내고 밑그림도 잘 그렸어요. 이런 점에서 저는 늘 꿈을 꾸었다고 생각하는데 지금은 나이가 드니 깡이나 꿈보다는 꾀나 끼가 더 무기가 된 것 같아요.(웃음) 술도 꽤 하고 말도 늘고 주위 분위기도 덥힐 수 있는 끼, 그리고 위기관리나 갈등을 조정하는 해법, 즉 꾀 등에서 확실히 더 노회해져가는 것 같아요. 좋게 얘기하면 경륜이지요. 그리고 끈은 예나 지금이나 별로 없어요. 끈을 계속 유지하려면 비용이 너무 들어요. 깡이나 끈은 비교적 단기적이라고 봐요. |

나는 '끼'가 없어 보이지만 상당히 있는 사람이에요. 예를 들면 내 '끼'는 '글 쓰는 끼', '말하는 끼'예요. 예전엔 이렇게 말을 잘 못했어요. 지금은 어디 가서 원고를 보지 않고 말할 정도로 내 생각을 쫙 이야기할 수 있어요. 그건 말의 '끼'가 있다는 말인데, 연습하기 나름이에요. 끼는 굉장히 중요해요. 또 나의 '꿈'은 일반적인 꿈이 아니에요. 누구나 다 꿈이 있죠. 그런데 공적인 사람은 꿈 이상의 과대망상이 있어야 한다고 봐요. "야~ 가다가 교통 안내판을 봤는데 너무 엉망이야. 진짜 싹 다 바꾸고 싶어." 이게 과대망상이거든요. 근데 그게 이루어져요. 미국으로 유학을 갔는데 그 나라는 국도, 도로마다 번호가 다 있더라고요. 우리나라는 하나도 없었요. '그걸 한번 바꿔봐?' 하고 다니면서 이야기했어요. 서울시 공무원들 만날 때도 이야기하고 그랬는데 결국은 그렇게 되더라고요.

최근에 꾸었던 과대망상 같은 제 꿈은, 전기를 파는 한전을 전기를 안 파는 회사로 만들어보자는 거었어요. 그게 뭐냐 하면 전기를 많이 팔수록 한전은 적자이니 이걸 해결하고 탄소 배출 문제도 풀어보자, 그래서 전기를 적게 쓰는 솔루션을 만들어 적자 폭을 줄이고 남은 전기는 기업이나 해외에 팔아 새로운 비즈니스 모델을 만들어보자는 거였죠. 다들 미쳤다고 했어요. 과대망상이라고요. 근데 '그린 뉴딜'이 바로 그런 거잖아요. '꿈'은 과대망상이어도 되고, '끼'는 개발하면 충분히 발휘돼요.

👤 이종재   사실 책 안에서 직접적인 경험이나 사례를 생생하게 말씀하셔서 그 이야기에 푹 빠져들어갔습니다. 몇 가지 주신 말씀 중에 덧붙인다면, 한때 잘 나가던 사람이 길게 못 가는 그런 사례를 저도 가까이에서 봤어요. 공무원 중에 비와 총(비서관, 총무과장)을 함께 맡은 사람이었지요. 무소불위의 권한을 갖고 있었던 셈인데, 윗사람이 바뀌니까 하루아침에 상황이 변하더라고요. 그 경우를 떠올리면서 이런 생각을 하게 되더군요. 소위 '끈'이나 '줄'을 잡고 어떤 사람과 평생을 함께하겠다면서 올인하는 건 화를 자초하는 행위가 될 수 있다는 것을요.

쉽게 말해, 다섯 명 중 최소 세 명이 "저건 아니잖아"라고 할 때도 "난 옳아!"라고 하는 건 궁극적으로는 통용되지 않는 거죠. 다들 "저 사람은 왜 저러지?" 하는데 "아니야, 나는 이 사람이야"라고 하는 것과 마찬가지입니다. 이런 경우 상식이 전제되지 않는 소신 내지는 일관성은 현실적으로 먹혀들어가지 않죠. 공직자는 유연성, 조화가 용인되는 범위에서의 자기 생각이 객관적인 설득력을 갖는다고 봅니다.

👤 조환익   "저 사람은 아닌데"가 중론인데도 쓰려고 하는 고집, 특히 공공 부문 고위직에 많아요. 자기 사람 쓰자는 얘기지요. 정권이 바뀐다든지 조직의 장이 바뀔 경우 자기 진영이나 연관이 있는 사람으로 채우는 건 자연스러운 일이고, 또 대통령제의 특성이에요. 지금까지 역대 정부가 그래왔지요. 이 정부는 좀 더 심하고요. 아무튼 좋아요. 그렇지만 써보고 나서 시

간과 기회를 준 후에도 평판이 좋아지지 않으면 과감한 결단을 내리는 것도 필요한 것 같아요.

🧑 이종재 또 하나는 언론과의 관계에서 대응을 잘해서 좋았던 부분, 어려웠던 부분을 말씀하셨는데. 사실 제가 뵌 공직자 중 언론 대응을 제일 잘하셨던 분은 진념 전 부총리입니다. 진 부총리는 이런 이야기도 해요. 고위 국장 회의라든가, 전체 간부 회의를 할 때, "여러분이 할 일의 절반 이상은 국민에게 잘 알리는 일이다. 그리고 국민이 알도록 납득시켜야 하고, 이해 못하면 보완을 해서라도 설득시켜야 한다. 그 중간에 있는 사람이 기자다. 그래서 기자들에게 충분히 설명하고 잘 알려야 한다." 늘 그렇게 말씀하셨죠.

실제 이분은 본인이 하고 싶은 말이 있으면 부총리실로 직접 기자를 불러 설명을 했어요. 기사라는 게 같은 내용 가지고도 제목이 전혀 다르기도 하잖아요. 특히 요즘 매체들은 이념이 갈려 있어 같은 내용도 전혀 다르게 씁니다.

우스갯소리로 이순신이 노량해전에서 숨을 거두면서 부하들에게 "나의 죽음을 알리지 마라"고 한 내용을 쓸 때 기사 제목은 '이순신 장군, 숨을 거두는 순간까지 나라 사랑'으로 대략 나와줘야 하는데, 일부 언론은 '이순신 장군, 부하들에게 거짓말 사주' 이렇게 단다는 거지요.(웃음) 진념 부총리는 내놓는 정책 자료의 제목이 A라고 하면 "오늘 이런 자료가 발표되는데 어떻게 생각하느냐?" 물으면서 일부 기자들의 반응을 봤지요. 거기서 조금이라도 다른 반응이 나올 것 같으면 조정도 하고 보완 설명도 하는 방식으로 발표 전에 조율을 했어요. 그러면 담당 국장이 브리핑할 때 기자들의 질문이 달라져요. 기자실의 여론이 아무래도 부총리의 의도를 담는 데 중요한 역할을 하는 거지요. 그러니까 이분의 언론관은, 공기업의 하위직에 있는 사람이라 해도 본인이 하는 일이 공적인 일이고, 대부분의 사람에게 영향을 미친다는 생각을 가져야 한다는 데 있는 것이지요. 특히 공공기관의 경우 이번 경영평가에 그게 들어가 있더라고요. "사회적 가치를 잘 구현한다는 성공적 성과를 국민들에게 적극 알려라." 이렇게 '성과 홍보'를 강조하면서 이를 "평가에 반영하겠다"는 문구까지 넣었지요. 홍보라는 건 자랑만 하는 게 아닙니다. 잘못해서 받는 질책을 어떻게 잘 커버하느냐도 포함됩니다. 공공의 일은 마치 업무 하나하나에 CCTV가 달려 있는 것처럼 투명하게 해야 합니다. 따라서 '내가 하는 일은 전 국민이 알아야 하고 정확히 알려야 한다'는 인식을 갖는 게 중요하다고 봐요.

🔵 조환익   제가 하나 물어볼게요. 기자들이 제일 윗사람 또는 고위직만 상대하는 줄 알았는데 대변인을 해보니까 오히려 더 많은 시간을 실무자들과 보내더라고요. 그리고 기자들과 친한 실무자들이 나중에 보면 빨리 크는 게 일반적 현상이고요. 이런 관계야말로 설혹 끈으로 작용하는 것 아닐까요? 기자는 실무자를 기삿거리의 끈, 실무자는 기자를 성공의 끈…, 뭐 그런 것도 소통으로 봐야 할까요? 요즘 언론유착에 대해 워낙 말이 많아서 이 대표님의 과거 사례를 들어 이 문제에 대한 생각을 말씀해주세요.

🔵 이종재   공직자, 특히 고위직 공무원들이 세상과 소통하는 방식에 대해 정말 중요한 말씀을 해주셨습니다. 돌아보면 저 개인의 문제가 아니라, 기자라는 직업의 특성을 이해하고 시간적으로나 공간적으로 많은 접점을 가졌던 분들이 최고위직까지 올라가는 경우를 상당히 많이 봤습니다. 고위직이 아니어도 소통에 적극적인 공직자들은 업무적으로 자신감이 있어 보입니다. 이 말은 취재기자에게 업무적인 답변을 얼마든지 할 수 있는 분들

이라는 의미입니다. 기자들은 이런 분들이야말로 세상과 소통하려는 열린 마음을 가졌다고 생각해요. 그리고 기자와 친해서 손해 보는 분들은 없습니다.(웃음)

🧑 조환익   아까 굉장히 잘나가던 사람이 더 성공해야 하는데 몰락한 케이스에 대해 얘기를 했죠? 그 사람은 충성을 다한 거예요. 6:3:1에서 1의 역할을 끝까지 한 것이지요. 자기가 모시는 사람한테. 그런데 한쪽 끈만 가졌다고 해서 다 망하는 건 아니에요. 바뀌어도 인재를 찾다 보면 성공할 수 있는데 용기가 필요해요. 바른말을 해줘야 하거든요.

예를 들면, 제가 한전 사장으로 있을 때의 이야기입니다. 임원 인사 때가 되어 아주 유능한 어떤 사람을 임원을 시키려 했죠. 내부적으로도 전혀 이견이 없었습니다. 절차상 주무부처인 산업자원부에 추천을 했지요. 그런데 한 번도 제가 하는 인사에 간섭 안 하던 산업자원부가 "이 사람은 안됩니다"라고 천만뜻밖의 반대를 하는 것입니다. 실력도 있고 경력이나 인품으로 볼 때 최적임자라서, 공기업 인사의 자율성에 어긋난다며 강력히 여러 번 항의를 했지요. 그랬더니 전임 사장과 산자부 간의 관계가 매우 좋지 않을 때 비서실장을 했는데, 그때 주무부처의 자존심을 심하게 상하게 했던 상황에 대한 대가를 치러야 한다는 것이었습니다. 막무가내였습니다. 주무부처와 산하 공기업 간에 자주 있는 알력의 한 사례였습니다. 주무부처가 끝까지 반대하면 결국은 산하 공기업은 물러설 수밖에 없는 것이 현실이지요. 심지어 제가 "이 사람이 주무부처와의 관계를 악화시킨 것도 아니고, 그때 비서실장 자리에 있었을 뿐이다"라고 말했는데도 "적극적으로 사장에게 건의해 상황을 수습시킬 용기가 없었다"면서 그에 대한 책임을 묻는 것이라 하더군요. 그 말에 동의를 할 수는 없었지만, '용기'까지 거론하는 데에는 두 손 들 수밖에 없었지요. '공' 대 '공'의

충돌에서는 하급기관이 상급기관에 질 수밖에 없습니다. 그 사람은 결국 임원이 될 수는 없었지만, 그 후 전화위복이 되어 현재 중요한 공기업 사장으로 역량을 발휘하고 있습니다.

언론과의 관계는 공직자에게는 정말 중요합니다. 진념 전 부총리의 언론 관계를 말씀하셨지만, 저는 제가 산자부에서 모시고 존경했던 어떤 상사 분 이야기를 해드리겠습니다. 타이거 박이란 애칭으로 언론계에서 인기가 있었고 추진력이 특별했던 분이셨습니다. 그분의 방에는 늘 기자들이 상시 출입해 자리 잡고 앉아 있었고 그 방에서 회의를 하고 지시를 했습니다. 원칙적으로 보안상 그래서는 안 되는 것이지요. 그러나 그는 오히려 이런 상황을 활용한 것이지요. 기자들과 깊은 신뢰 관계를 형성해 쓰지 말라고 하면 기자들은 그 약속을 꼭 지켰지요. 왜냐하면 기자들의 생명은 취재원 보호에 있고, 그래야 더 큰 안목으로 종합적 기사를 쓸 수 있기 때문입니다. 요새는 스스로 자기 가치를 홍보해야 되는 시대잖아요. 성과 홍보도 잘해야 되고요. 나는 그분에게 대언론 관계를 많이 배웠고 그것이 나의 평생 자산이 되었습니다. 어려울 때 도움도 적지 않게 받았고요.

🧑 이종재   이전에도 그랬고 지금도 겪는 현실이지만, 공조직에 계신 분들의 특징이 최종 마무리에 적극적이지 않다는 거예요. 공공 부문에서는 인사가 잦지 않습니까. 주요 부서 실국장급이라 해도 재직이 3년 남짓인데 그러다 보니 임기 절반을 넘기면서부터는 자기결정을 안 하는 현상이 노골적이에요. 곧 인사가 있을 텐데 다음 사람이 결정하게 하겠다. 이런 게 일반화되어 있는 거지요. 이런 풍토에 대해서는 말씀하신 '균형의 예지와 용기'라는 표현으로 설명할 수 있지 않을까 생각을 해봤어요. 나서지도 않고, 결정을 해야 할 때도 책임지지 않으려는 태도, 시간이 지나면 된다는 인

식 등은 공공기관에 만연해 있는 풍조입니다. 공무원 사회와 공공기관은 조금 다른 이야기일 텐데, 이와 관련해 공공 조직에서 일하는 젊은이들에게 어떤 말씀을 해주시겠어요?

조환익 거기에도 하나의 균형이 필요합니다. 무조건 막무가내로 내 생각이 옳다고 하다가 나중에 다칠 수가 있어요. 사실 그런 관행, 이를테면 피할 땐 피하고 의사 표현도 적당히 안 하고 그런 거 맞아요. 그런데 "회의 석상에서 아무 말도 안 하면 중간은 간다"라는 말이 있잖아요.

사실 이런 분위기는 민간기업이 더합니다. 특히 CEO와 회의할 때는 한마디도 안 해요. 전부 다 자기가 써온 것 잠깐 말하고, 심지어 요새 CEO들은 아주 적게 써오는 걸 좋아해요. 올해 이 제품의 이번 달 매출은 어떻게 되고, 시장 가능성은 어떻게 되고, 그러면서 짧게 끝내지요. 그러니까 민간기업이 더하면 더했지 덜하진 않아요. 이런 관행이 공공 부문에만 있는 건 아니라는 거죠. 공공 부문은 까딱 잘못하면 구설에 오르고, 심지어 형사처벌까지 받을 수도 있어 굉장히 조심들을 하긴 합니다. 하지만 그렇게만 지내다 보면 아무것도 못 되어요. 성공하려면 자기 목소리를 내야 해요. 그러지 못하는 걸 '의사결정장애'라고 해요. 위로 미루고 밑으로 미루는 거죠. 그래도 공조직이 좋은 건 크게 성공은 못해도 끝까지는 갈 수 있어요.

이종재 흔히 말하는 보신주의, 면피주의 등이 바로 이런 상황 때문에 생긴 말이에요. 그런 관행을 어디까지 용인해야 할까요? 또 밖에서 보는 사람들, 민원인들은 어떻게 이해해야 하지요? 각자의 입장에서 보면 현실적으로 참 어려운 문제이긴 합니다.

조환익   공직자들의 보신주의 면피주의에 대해서도 한마디 안 드릴 수가 없네요. 이것은 언론에도 책임이 조금은 있어요. 공직자들이 소신껏 일하거나 말하다가 논란이 있을 경우 조금 더 심층적으로 파악을 해봐야 해요. 그래서 진정성이 있고 조금만 뒷받침해주면 일을 성사할 수 있다고 판단되면 긍정적으로 써주고 좋은 여론도 만들어줘야 하는 것 아닙니까? 언론은 제4의 부(府)라는 말도 있어요. 언론인들도 국익을 생각해야 하는 공인입니다. 그저 조그마한 흠이라도 후벼 파고 특종만 하려는 것, 이거는 좀 생각해봐야 할 것 같은데요. 이 대표는 그런 사람 같지는 않지만요. (웃음) 윗사람에게 소신껏 얘기해서 다칠 확률은 크지 않아요. 다친 사람만 부각이 되어서 그렇지요. 오히려 소신껏 이야기하는 사람을 윗사람들은 대견하게 생각하고 격려해주는 풍토가 더 많아요. 내가 초급 간부 시절 노동계에 예민한 이슈로 물의를 일으킨 적이 있다 했지요. 그 당시 차관께서 "네가 사심 없이 소신껏 일하다 물의를 일으킨 것인데 그 정도 실수로 널 어떻게 자르니. 앞으로는 주의를 기울이면서 해"라고 했단 말이에요. 대부분은 소신 있는 사람을 좋게 봐요. 새 정부 들어 '적폐' 대상이 되어 다치는 건 대부분 정무적 책임을 지는 고위직입니다.

인사가 너무 잦은 건 좋게 보이지 않아요. 거의 1년마다 자리가 바뀌는 건 문제가 있어요. 전문성이 있어야 당당하게 주장을 할 수 있습니다. 끝까지 논리적 근거 가지고 자기 생각을 말하는 사람들이 어느 조직에서든 결국 성공하죠.

이종재   철학의 문제이고 삶의 자세 문제일 텐데, 특히 부서장급 중에서 파이팅이 없는 게 아쉬움이 커요. 임원이 되기 위해서 몸조심한다, 그렇게 설명하기에는 너무 일반화된 얘기입니다만 분명 조직의 활기는 민원인인 국민들 입장에서 볼 때는 꼭 필요한 것이지요. 말씀하신 젠더 문제에 대해서는 사례를 하나 드리면서 질문을 하고 싶은데요.

2000년도에 모 언론사에서 기자를 10명 뽑으려고 시험을 봤어요. 면접 최종까지 갔는데 10명 다 여성이었던 거예요. 벌써 20년 전 일인데 이슈였어요. 그 매체는 소위 억지로 균형을 맞추는 걸 부담스러워했는데, 결국 11명을 뽑았습니다. 다행히 남자가 뒤에 있었던 거예요. 11등에. 남자가 한 명도 없으면 안 되겠다 싶어 1명을 더 뽑은 거지요. 기자라는 직업이 굉장히 거칠어 여성에게 벽이 높다고 봤는데 이미 2000년도에 이런 현상이 나타났거든요. 그런데 묘하게 일반화된 게 사시의 여성 비율 합격자도 높아졌잖아요. 수석 합격자도 여성 비율이 높아졌고요.

IMF 이후 우리나라에 나타난 현상 중 가장 두드러진 걸 꼽으라면 '여성들의 약진'입니다. 사회 곳곳에서의 약진, 공조직의 약진도 있었지요. 사실 외무고시는 가정에서 많은 일을 하는 여성들이 사실상 도전하기 어려운 분야잖아요. 그런데도 외시에서 여성들 합격자가 많아진 걸 보고 깜짝 놀랐어요. 더구나 공공기관들 사례를 보면 필기시험, 면접시험으로만 본다면 여성들이 너무 잘해요. 저도 면접장에 들어가 봐서 잘 압니다. 여성들이 준비를 정말 완벽하게 합니다. 생각하지 못한 방향으로 찌르는 질문을 해도 잘 넘어갑니다. 그만큼 훈련이 잘되어 있어요. 오죽하면 남학생들이 고등학교 들어갈 때 남녀공학 안 가려고 한다잖아요. 여학생들한테 뒤처지니까요.

우리나라의 경우 이런 현상이 나타난 지 20년 남짓 됐는데, 이 책에서 사장님께서 다루신 부분은 유리천장입니다. 여성들이 치고 올라오는 것에 대해 내부적으로 갈등이 있다. 이런 요지의 말씀이신데 저는 반대로 남성 입장에서 여쭤보고 싶습니다. 과장급 이하에서는 여성들이 수적으로나 분위기상 굉장히 약진하고 있는데, 남자 직원들이 어떻게 극복하고 있나요? 또 여성 선배, 여성 동료에 치여서 힘들다는 남자 직원들도 있겠지요. 이럴 때 해결책으로 뭐가 있을까요?

조환익   나는 이런 문제가 있다면 여성 편을 들어요. 여자는 근본적으로 핸디캡이 많잖아요. 출산과 육아 문제가 제일 크죠. 공기업 직원 중 늘 3% 정도는 출산, 육아 휴가에 걸려 있습니다. 경력 단절이 되기도 하고요. 휴직을 하고 경력 단절이 되어 다시 직장으로 돌아왔을 때 경력을 인정해준다 해도 실제로는 뒤처지게 되고, 처지다 보면 포기하게 되죠. 여성들에게 입사 유리천장은 많이 개선되었지만, 직장생활 중 인사 면에서의 편견과 유리천장은 여전합니다.

그리고 아직도 기술 분야는 여성 비율이 턱없이 부족해요. 일반 사무 분야는 여초 현상까지 보인다고 합니다. 특히 어학이 필요한 분야가 그렇죠. 제일 대표적인 곳이 KOTRA와 외교부입니다. 이곳은 18 대 2 정도로 여성이 많아요. 외교부는 누구한테 이야기를 들었는데, 어느 해 외무고시에서 20명을 뽑았는데 2명 빼고 다 여성이었다는 거예요. 3~4년 지나 2명의 남자들이 군대에 가니 여성만 남았다더라는. 그런데 중동에 가면 여성이 근무를 못하거든요. 그래서 문제가 있고, 암묵적 조정이 필요하다는 이야기가 있었어요. 아무리 그래도 여성 비율이 높은 KOTRA도 여성 임원을 한 명도 배출하지 못했고, 삼성도 아직 6%밖에 안 돼요. 삼성의 여성 직원이 전체 직원의 40%인데 임원이 6%밖에 안 되는 거예요. 한전의 경우, 조선시대 한성전기 때부터 보면 그 역사가 110년이 됐어요. 대한민국에서는 50년 이상 된 기관인데 아직도 여성 임원이 한 명도 안 나왔어요. 공기업들이 대부분 그래요. 가장 큰 이유는 출산, 육아 문제에 있죠. 거기서 확 떨어지면 방법이 없다고들 해요. 이렇게 여성이 둘러싸인 케이스는 아주 드물고, 국제 업무 등에서는 여성의 비중이 높은데 그래도 아직까지는 남성보다 많지는 않아요. 일반적으로 여성이 많아도 남성과 여성 비율을 따지면 5.5 대 4.5 정도, 그 이상 넘지 않아요. 그러니까 남성이 외톨이가 될 확률은 아주 적다는 이야기입니다. 어쨌든 젠더 균형은 소프트 파워 시대의 주요 변수이지요.

이종재 힐러리 클린턴이 대선 패배 연설에서 유리천장에 대한 얘기를 했죠. 그게 미국에서는 여성에 대한 인식이 많이 개선됐다는 상징으로 인용됩니다. 여성 대통령도 나온 우리나라는 미국보다 나은 상황 아닌가 싶어요. 저는 오히려 다른 상황에 대해 생각해봅니다. 어떻게 보면 '여초 현상이 본격화되고 있는 이 사회에서 공조직은 이 현상을 어떻게 조화롭게 가지고 가느냐?' 하는 겁니다. '여성은 경력 단절이라는 근본적인 핸디캡이 있어서 배려가 있어야 한다'는 그 이상의 남녀평등을 위한 현실 말이에요.

조환익 여초 현상에 대해 집요하군요.(웃음) 어떤 경우이든 지나친 편중에 대해서는 약간의 암묵적 조정이 있을 수 있다고 생각해요. 그래도 공기업의 일반 사무직 비율은 거의 남녀 균형이 되어가는 것 같아요. 그렇지만 기술직이나 중상위직에는 아직도 남녀 균형이 멀었어요.

이종재 공공 부문에서 일하면서 갖춰야 할 덕목 세 가지를 말씀하시면서 세 가지 장려해야 할 사항과 세 가지 해서는 안 되는 일, 그렇게 크게 구분을 하셨습니다. 우선 말을 잘해야 한다는 말씀은 설득력이 있어야 한다는 의미로 해석될 수 있을 것 같고, 조직원들이 몰입하도록 해주는 것이 결국은 자신감과 자존심을 키워주는 과정이라는 말씀은 전적으로 어느 조직에서든 어떤 상황에서든 통하는 것으로 이해가 됩니다.
또 하나는 피해야 할 일들인데요. 그중 하나인 유혹은 처음부터 뱀의 모습을 하지 않는다는 게 옳은 말씀이신데, 이를 피하라는 얘기에서 봉투의 유혹을 얘기하셨지만, 민원 청탁도 유혹과 연결되는 예를 많이 보게돼요. 흔히들 기관장 서랍 안에는 민원 서류가 수백 장 쌓여 있다고 하잖아요. 민원이라는 게 그중에는 들어주면 유혹으로 연결되는 일도 있고, 민원으로 처리해주어야 할 경우도 분명 적지 않을 텐데, 사실 민원을 다들어줄 수는 없잖아요. 들어줄 수 없을 때 상대를 잘 설득하는 것, 그것도 하나의 덕목이겠지요? 안 되면 안 된다고 요령 있게 거절하는 방법, 그런 것들이 후배들에게 줄 수 있는, 유혹을 이겨내는 깨알 정보가 되겠습니다만.

조환익 　저는 특히 한전에 있을 때 전화 공포증도 있었어요. 전화가 오면 10건 중 9건은 청탁이고, 9건 중 거의 반은 인사청탁이었죠. 워낙 회사가 규모가 크다 보니까요. 그것도 다 내 천적들한테 오는 거예요. 정치계, 언론, 정부기관 등 무시할 수 없는 사람들이에요. 심지어 시민단체에서도 청탁을 하곤 했죠. "입찰이 걸려 있는데 이것 좀 어떻게 해달라" 하는 건 바로 잘라요. "취업하는데 어떻게 좀…" 하면 그것도 그 자리에서 바로 잘라야 합니다. 어떤 경우이든 1%라도 여지를 보이면 밀고 들어옵니다. 까딱 잘못해 "알았어요. 내가 알아보죠"라고 해도 안 돼요. 청탁을 한 사람도 누군가의 청탁을 받은 것이거든요. "내가 누구 사장한테 이야기했는데 한번 잘 검토해보겠다고 했어." 이러면 그 사람에게 청탁한 사람은 일이 잘된 것으로 알아요. 그러니까 처음부터 딱 잘라서 거절해야 합니다.

다음으로 일반 재량권 내의 인사청탁은 부서를 옮겨달라고 한다든지 그런 게 제일 많아요. 그럴 때는 일단 면전에서 자르지는 않습니다. 그런 다음 일절 손을 안 대요. 나중에 결정이 난 후, "누구누구 어떻게 되었나?" 할 때 우연히 맞아떨어지는 경우는 미리 연락해줘요. "평이 좋더라고요. 그래서 잘되었습니다" 하면 서로 좋은 거니까요. 그리고 안 되는 경우는 설명을 꼭 해줘요. 그게 가장 중요해요. "이 사람은 이렇고 해서 우리 시스템이 받아주기가 어렵고, 도저히 이 사람을 특별 케이스로 봐줄 수 없고, 특별하게 옮긴다 해도 새로 간 부서에서 왕따가 될 수 있습니다" 하고 이유를 말해주죠. 설명은 꼭 해주었지요. 그러니까 아무도 불만이 없어요. 오히려 그쪽에서 "그렇게 이야기해줘서 고맙다. 자기도 할 이야기가 생겼다"라고 하죠. 저는 그렇게 처리했어요.

🧑 이종재　요즘은 문자로도 많이 오잖아요. 바로 답할 사안도 있을 것이고, 사실 SNS라는 게 상대 쪽에서 답이 없는 경우 씹혔다고 생각해서 더 불편하거든요. 대응 에피소드는 없나요?

🧑 조환익　나는 그쪽으로 아주 유명해요. 문자로 청탁이 오면 무조건 답변 안 해요. 그건 기록에 남고, 특히 공공기관 인사권자의 통신수단은 여차하면 다 공개가 될 수 있기 때문이지요. 내가 그러니까 사람들이 알고 아예 문자 보내지 말라고들 한대요. 오히려 될 일도 안된다고 생각한답니다. 통신기록에 남는 내용에는 아주 단호하게 처신하지 않으면 크게 낭패를 볼 수도 있습니다.

🧑 이종재　책임자로 갈수록 문자나 메일처럼 근거가 남는 것은 답변을 안 하는 게 답이네요.

🧑 조환익　요즘은 조금 덜한데, 공직에 있는 사람들 중 페이스북하는 사람들이 얼마나 많아요. "나도 페이스북 좀 해봐야겠다" 했더니 오히려 주위에서 말

리더라고요. 정치인이 아닌 이상 SNS와는 조금 거리를 둬야 해요.

이종재 그동안 인사에서 적용하신 6:3:1원칙의 성공 사례, 아니면 실패 사례를 들려주시겠어요? 저는 어느 조직이든 10명이 있다고 치면 그중 잘하는 사람은 3명, 독이 되는 사람은 3명이라고 말합니다. 군대에서 봉체조라고 있잖아요. 무거운 나무를 들고 10명이 함께 일사불란하게 들었다 놨다 하는 건데 그중 3명은 열심히 하지만 다른 3명은 매달려 있다는 얘기지요. 나머지 4명이 플러스 쪽으로 가면 조직이 발전하고, 마이너스 쪽으로 가면 실패한다는 말들을 하죠.

조직의 기본 생리가 앞서가는 사람이 있고 발목 잡는 사람이 늘 있다는 건데, 일 잘하는 사람이 6이고, 편한 사람이 3이고, 나머지 하나는 누가 봐도 쟤는~ 하는 사람인데 조직에 필요하다는 말씀을 하셨습니다. 6:3:1의 원칙에서도 성공적이었던 사례와 실패했던 사례가 있을 것 같습니다. 특히 편한 3명의 호가호위 때문에 고생했던 사례가 있었나요?

조환익 나는 편한 사람을 30% 기용했을 때 크게 실패한 적은 없었던 것 같아요. 그런 사람을 어떤 곳에 어떻게 쓰느냐가 중요한 문제겠지요. 그런데 6이나 3이나 퇴직하고 연락 끊기는 것은 다 같더라고요.(웃음) 1은 그래도 계속 연락을 해오고 아쉬운 일이 있으면 지금도 1을 찾지요.

PART **3**

공직의
문을 닫다

미련도 후회도 없는 공직의 삶

1부에서는 공직에 입문하고 싶은 취준생들에게 조금이나마 도움이 되려, 공직의 실상에 대한 가감 없는 안내와 취업의 문을 뚫을 수 있는 지혜에 대해 말씀드렸습니다.

2부에서는 공공 부문에서 겪어내야 할 적응 과정, 마인드와 자세, 위기와 기회, 그리고 리더십에 관해 직접 겪은 상황과 주변 상황을 중심으로 이야기를 해드렸습니다.

여기에서 그칠까 생각했습니다만 그들의 삶에 관한 이야기와 남기고 싶은 이야기 그리고 명예롭게 졸업한 후 이어지는 삶에 대해 좀 더 말씀드려야 할 듯합니다. 그리고 나서 공직에 관한 이야기를 끝내고자 합니다.

'워라밸Work Life Balance'은 '일과 삶의 균형'을 의미하는 조어이자 트렌드가 된 용어입니다. 처음에는 직장과 가정의 일을 어렵게 병행해야 하는 여성들의 어려움을 표현하기 위해 만들어진 용어이지만, 지금은 남녀 직장인들 모두의 삶에 적용되고 있습니다. 좀 더 구체적으로 말하면, 일을 통해 소득과 보람을 얻고, 삶이 각박하지 않도록 여가와 즐거움도 적절히 누리고 싶은 욕구를 나타내는 말입니다. 그러면 공공 부문에서 일하는 사람들에게는 워라밸이 어떤 의미가 있고 얼마나 허용되고 있을까요? 우선 직장의 의미는 공직에 있든 민간기업에 있든 세 가지 의미를 가지고 있다고 봅니다. 바로 밥과 꿈과 즐거움입니다.

첫째, 직장은 생계의 수단이고 자녀의 교육비와 나의 노후를 책임져주는 곳입니다. 직장의 또 다른 의미들에 대한 필요조건입니다. 매우 중요한 필요조건이지만 충분조건은 될 수 없습니다. 최소한의 경제적 기반이 마련되지 않은 상태에서 꿈과 즐거움을 실현하는 것은 현실적으로 어렵습니다. 또 소득의 많고 적음이 삶의 모든 것을 가늠하는 것도 아닙니다. 공공 부문은 민간 부문에 비해 좀 박한 편이지만 월급날이 걸러질 일 없고 절약하며 살면 저축도 할 수 있기 때문에 오히려 공직자를 남편으로 둔 주부들이 좋아하는 직업이기도 합니다.

둘째, 직장은 개인의 꿈을 실현시켜주고 보람을 느끼게 해주는 곳입니다. 누구나 학교를 다니고 사회화되면서 크든 작든 꿈을 갖습니다.

물론 꿈꾼 대로 직업을 갖는 사람이 얼마나 될지는 모르겠고, 원하는 직장에 들어간 행운아라 해도 서서히 꿈은 사치스러운 것이 되어버리고 하루하루를 생계벌이를 하는 시간으로 느끼는 사람이 대부분입니다. 그래도 일을 통해 성취감을 느끼고 승진 등의 보상을 통해 보람을 찾을 수도 있습니다. 이 점에서는 공공 부문에 확실히 장점이 있습니다. 어쩌다 공인이 되는 경우, 즉 '어공'도 가끔 있지만 대부분은 처음부터 뜻을 세워 스스로 택한 직업입니다. 그리고 하는 일에 대한 보람의 정도도 높지만 반면 좌절의 정도도 깊습니다.

우리는 직장을 통해 생활의 즐거움을 찾을 수 있습니다. 가정 다음으로, 또 어떤 경우에는 가정에서보다 더 많은 시간을 보내는 곳인데 직장생활이 지루하거나 고통스러우면 어떻게 매일 일터에 나갈 수 있을까요? 아침에 출근할 때 발걸음이 가벼워야 되고 출근하면 또 어떤 즐거움이 나를 기다리고 있을까 하는 기대감이 직장에 있어야 합니다. 동료들과 즐거운 대화를 나누고 점심은 누구와 어떤 음식을 먹을까 하는 기대감, 또 퇴근 후에는 동료들과 취미 활동도 같이하고 한잔하면서 하루를 반추하는 것도 직장생활의 즐거움입니다.

반면 마주치기도 싫고 말 섞기도 싫은 사람이 직장에 있을 경우, 그곳은 지옥이 될 수도 있습니다. 나도 젊었을 때 매우 모시기 어려운 상사가 있어서 거의 매일 밤 12시까지 야근을 했습니다. 잠깐 새우잠을

자고 이른 출근을 위해 새벽에 눈을 뜨면 "아! 왜 태양은 이렇게 일찍 뜨는 거야?" 하면서 한탄을 한 적도 많았습니다. 지금은 직장 문화와 근무 조건이 그때와는 비교도 안 될 정도로 개선되어 '고통이 없는 직장' 차원이 아니고 '적극적으로 즐거움과 자기계발을 할 수 있는 직장'으로 바뀌어가고 있습니다. 물론 아직도 사각지대는 많다고 생각합니다.

이 부분이 아무래도 공공 부문 종사자들이 좀 힘들겠다는 생각이 듭니다. 대체로 직장 분위기가 딱딱하고 수직적 보고 체계이면서 유머도 잘 통하지 않는 화난 사람들이 앉아 있는 것 같다는 게 신입 직원들의 첫인상이라고 합니다. 공무원이라 '칼퇴'인 줄 알았는데 툭하면 야근이고 때로는 주말도 무사하지 못할 때도 있습니다. 그렇다고 직장에서 재정적 지원을 해주는 여가 활용 프로그램이나 취미 동호인 클럽 같은 것도 많지 않습니다. 대체로 좀 드라이한 삶입니다. 공기업 간부쯤 되면 골프를 비교적 싼 퍼블릭 코스에서 할 수 있는 여력은 됩니다. 그렇지만 나는 아직까지 공기업이나 공공기관 임직원들이 골프 할 때 자기 이름 쓰는 사람을 거의 못 봤습니다. 왜 가명으로 골프를 해야 편안한지 한번 생각해볼 문제입니다.

나는 좀 특별한 케이스이긴 하지만 공직생활 전 주기가 거의 일로 점철 도색되었습니다. 30대 중반 정부의 핵심 과장으로 '몸 바쳐' 일하던 때였습니다. 그때 내 업무는 '한미 통상 마찰 해소'가 큰 과제였습니다.

야근은 당연했고, 주말도 거의 반납이었습니다. 업무 로드가 과중한 것도 힘들었지만, 미국과의 시차가 거의 낮밤이었기 때문에 미국 측과 통화 교신을 하려면 야근과 특근은 피할 수 없었습니다. 새벽 1시쯤 워싱턴 쪽과 통화하고 퇴근하면 왠지 같이 일하던 직원을 그냥 집에 보내기가 안쓰러웠습니다. '오늘도 얼마나 힘들었을까…. 컬컬한 맥주 한잔하고 싶은 마음이 굴뚝같을 거야' 하는 생각이 엘리베이터를 타면 불쑥 들곤 했습니다. 지금 생각하면 참 거룩한(?) 착각이었습니다. 그래서 즐거운 척했던 직원들과 포장마차에서 맥주 한잔하고 집에 오면 새벽 2시. 물론 가족들은 다 잠들어 있었습니다. 씻고 곯아떨어지면 2시 반…. 그래도 아침 7시면 일어나서 바쁘게 출근 준비를 합니다. 이런 생활의 반복 속에 어느 날 아침에 출근했는데 내 책상에 발신인 없는 편지 봉투가 한 장 올라와 있었습니다. 이런 경우는 대개 투서인 경우가 많아서 보는 둥 마는 둥 했습니다. 그런데 아내로부터 온 나에 관한 투서였습니다.

"한밤중에 파김치가 되어 유령처럼 스며든 남편, 아침에 해 뜨면 용수철처럼 일어나 햇살 들어오기 전에 다시 유령처럼 사라지는 남편이여. 아이 학교 문제, 집 문제 등 상의할 게 많은데 이렇게 편지로 상의합니다."

연서인지 레드카드인지 모르겠지만 나는 아직까지도 답장을 못 했습니다. 이 이야기는 신문 기사로도 소개되어서 한때 과천 관가 술자리에서 꽤 많이 회자가 되었습니다.

우리는 이렇게 살았습니다. 워라밸이 아니고 워크홀릭으로 살았고 "싸우면서 건설하자"가 구호였고 "놀면 뭐해?"라는 표현을 누구나 입에 달고 다니던 시대였습니다. 놀고 싶어도 어떻게 노는 줄 몰랐습니다. 술만 마실 줄 알았고 술 잘하는 사람을 잘 노는 사람처럼 생각했습니다. '월화수목금금금'에서 금자가 두 개로 준 건 50대 들어서였고, 하나가 된 때는 60대였습니다. 아내는 나에게 "당신은 다 살고 관에 들어가 화장장에서 순서를 기다리면서도 무슨 일을 이렇게 더디게 하는지…. 난 벌써 저 안에 들어갔어야 되는데…"라고 불평할 사람이라고 합니다.

그 시절 그렇게 일하던 사람들은 다들 공통된 병 하나씩 달고 살았습니다. 조급증입니다. 성취욕으로 덧칠한 조급증이라는 정신병이었습니다. 성취를 못하면 우울증에 걸렸습니다. 그래도 평균수명은 세계에서 가장 빠른 속도로 올라갔습니다. 아마도 영양이 좋아졌고, 약과 의술이 좋아졌기 때문일 것입니다. 어쩌면 병 생길 틈도 없었는지 모르겠습니다. 반면 돌연사는 많아졌고 암 발생률은 세계 최고 수준일 것입니다. 다음 세대는 공직자라도 제발 이렇게 안 살았으면 좋겠습니다. 또 그렇게 살라고 국가와 사회가 내버려두지도 않을 것입니다.

그런데 중요한 것은 그때는 경제성장률이 매년 두 자릿수 이상일 정도로 급성장하는 시대였기 때문에 일자리 걱정이 없었습니다. 거의 완전고용을 했고 그래도 일감은 다 소화가 안 되었습니다.

그러나 지금은 경제가 심지어 마이너스로 떨어지고, 청년들이 일을 하고 싶어도 일자리가 없습니다. 오래전이지만 "우리가 놀고 싶어 노나. 비 오는 날은 공치는 날이다"라는 풍자적 노래가 있었습니다. 워라밸은 어찌 보면 사치스러운 이야기일 뿐일지도 모릅니다.

재취업의 경우는 더 힘듭니다. 이래서 청년들은 계속 부모에게 얹혀 살아야만 하는 '캥거루족' 또는 외부 생활로부터 도피해 혼자만의 공간에 머물러 있는 '코쿤족'이 될 수밖에 없나봅니다.

'저녁이 있는 삶'도 좋은 말입니다. 그렇지만 취업준비생이고 가장이고 간에 매일 집에서 저녁시간을 보내야 한다면 그 삶이 편안하고 행복할까요?

코로나19 이후 경제상황이 계속 나빠지고 있습니다. 인구 구조학적으로 청소년들은 미래가 불안합니다. 일자리는 라이프의 시작이고 기본입니다. 이럴 때 공공 부문에서 더 많은 일자리를 만들어줘야 합니다. 그게 워라밸로 가는 첫 번째 열쇠입니다.

주말은 철저히 쉬어야 합니다. 국가도, 회사도, 개인의 주말권은 뺏으면 안 됩니다. 회사 상사는 주말에 절대로 출근할 생각을 해서는 안됩니다. 흔히들 나만 혼자 나와서 밀린 일 하고 생각도 정리할 테니 부하직원에게는 출근하지 말라고 합니다. 공감이 안 되는 말이고 비현실적인 말입니다. 부하직원이 상사가 출근하는데 집에서 놀 수 있을까요? 그래서 주말은 조직과 관련된 어떤 프로그램도 만들지 않는 것이 좋습니다. 친교 모임, 동우회 같은 것도 가급적 안 하는 게 낫습니다. 일주일에 이틀이라도 완전히 잊고 머리를 비운 후 월요일에 출근하도록 해야 합니다. 이것이 균형 잡힌 현실적 워라밸입니다. 일자리를 선택할 수 있어야 하고 일터가 바쁘게 돌아가도 즐거움과 휴식을 누릴 수 있는 삶, 이것이 균형의 워라밸입니다. TGIF와 TGIM이라는 단어가 있습니다. TGIF는 'Thank God, It's Friday 금요일이라 좋다. 내일부터 주말이다'라는 의미의 표현입니다. 반면 TGIM은 'Thank God, It's Monday 주말 지루했는데 월요일이 되어 즐거운 동료도 만나고 보람 있는 일을 다시 시작하네'라는 뜻입니다. 공공부문 종사자들도 TGIF와 TGIM의 기분으로 모두 즐거운 삶을 살 수 있으면 좋겠습니다.

공직의 하산 길

퇴직 준비는 5년 전부터

공무원은 후배들에게 밀려서 정년까지 채우는 경우가 많지 않지만 퇴직할 때는 직전까지 일하고 책상에 볼펜과 마우스를 딱 놓고 집으로 향합니다.

공공기관이나 공기업도 퇴직자에 대한 특별한 예우가 없습니다. 퇴직 후 3년 정도 현직에 준하는 보수 등 예우를 해주는 민간기업 임원급에 비하면 공공 부문 종사자들은 속상할 것입니다. 어쩔 수 없습니다. 각자도생해야 합니다.

공무원의 경우는 그런 과정이 별로 없는 것 같은데 공공기관이나 공기업의 경우는 대체로 임금 피크제에 의해 정년퇴직 전 1년 반 내지 2년 전부터 현업에서 손을 떼고 소위 '관리역' 같은 자리에서 퇴직 준비할 시간을 줍니다. 약 1년 전쯤 '아웃플레이스먼트Outplacement 교육'이라는 퇴직자 교육도 시켜줍니다. 대체로 30여 년 전 신입사원 교육을 받던 그 장소에서요.

대과 없이 공인시간을 잘 마친 것에 대해 감사하게도 생각하지만 시간이 벌써 그렇게 흐른 것이 서글프기도 합니다. 푸릇푸릇한 나이에 입사해 손주까지 있는 할아버지 할머니가 된 것입니다. 국민들은 이분들의 공헌과 헌신에 감사드려야 됩니다.

동기들은 30년 만에 다시 재회하는 기분을 느낍니다. 재테크, 세금 계산, 여행, 건강관리 같은 것이 '아웃플레이스먼트 교육'의 주요 과목들입니다. 또 공인중개사, 안전관리사 등 자격증 획득을 위한 프로그램도 있습니다. 교육만족도는 높습니다만 사실 이런 기회를 퇴직 전 5년 전쯤 제공해 퇴직 후 제반 사항에 대해 준비를 하게 해주면 좋겠습니다. 그리고 퇴직 1년 전 다시 재교육을 하면 인생 시즌2를 정밀하게 준비하는 데 효과적일 것입니다.

소소하고 소중한 마무리

시침은 빨리 가고 퇴직일이 드디어 오고 퇴직식을 사업부서별로 간소하게 치릅니다. 꽃다발과 감사패, 간단한 기념품 그리고 동료, 후배, 가족들과의 사진 촬영 그것이 끝입니다. 특별히 감회에 젖을 것도 없고 울타리 밖의 세상에 대해 두려워할 필요도 없습니다. 후회도 미련도 없이 직장의 문을 나오시기 바랍니다. 그리고 성공한 인생이라고 생각하십시오. 30여 년간 가족들의 생계와 교육은 물론 노후 대비를 하게 해 줬고, 공인으로서 적지 않은 성과와 업적을 남겼으니 직장생활이 참 즐거웠다고만 생각하면 됩니다. 공인으로서 당당하게 살아온 30여 년. 후배들과 친구 등 주위 사람들에게 자부심을 가질 만합니다. 가족들은 30년 공공 봉직을 존경해야 합니다. 현직에 있을 때 했던 일과 여러 가지 상황에 대해 퇴직 전부터 틈틈이 기록 정리해 책으로 발간은 못하더라도 공인으로서의 일대기를 소책자화해 후손과 후배들에게 남겨주면 소중한 자료가 될 것입니다.

내가 한전에 근무할 때 정년퇴직의 해에 걸려 있던 어떤 전기원에 관한 동영상을 본 적이 있습니다. 최고참 전기기술자였는데 퇴임하던 날까지 전주에 올라가 전선줄을 점검 보수하는 일을 하셨습니다. 어느 날 일을 마치고 사무실에 복귀했을 때 직원들과 가족들이 서프라이즈한 생일파티를 해준 뭉클한 영상이었습니다. 연출이라도 이런 영상을 몇 개 찍어서 유튜브에라도 보관하면 어떨까요. 공직자의 자제들은 삐뚤어진 사람이 상대적으로 적습니다. 그것은 부모의 절제와 헌신의 삶을 평생 보고 자랐기 때문입니다.

열심히 일한 그대, 여행부터 떠나라

공공 부문에서 쫓기며 살다 보면 부부가 같이 편하게 해외여행을 할 기회도 별로 없습니다. 공직에 있으면 왜 그렇게 조심해야 될 것이 많은지 제대로 국내여행도 변변히 못해본 사람들이 일반적입니다. 현직에 있을 때 휴가기간 중 해외에 나가는 것도 요즘에야 별 신경 안 쓰게 됐지, 내가 50대까지도 큰 용기가 있어야 했습니다. 배우자들은 공직자의 배우자라는 이유만으로 대부분 평생을 조심조심 살았습니다. 이제 남편이 퇴직을 했으니 더 소박하게 살 준비를 하고 있을 것입니다. 비용 너무 아끼지 말고 의미 있는 여행 다녀올 것을 권장합니다.

지금은 코로나19 때문에 해외여행을 다음으로 미룬다 하더라도 국내 섬 투어나 역사탐방 등 테마 있는 여행을 두 분만 다녀오면 좋겠습니다. 나는 퇴임하고 바로 필리핀을 다녀왔습니다만…. 그리고 코로나19

가 물러나고 세상길이 뚫리면 미뤄뒀던 진짜 해외여행을 계획하시면 좋을 듯합니다. 언제쯤 그런 때가 올지 모르겠지만 꼭 테마가 있는 여행 계획을 짜면 좋겠습니다. 칠레 산티아고의 순례길이라든지 세계에서 가장 행복지수가 높다는 부탄이라든지 미국에서 가장 기가 세계 분출하는 세도나라든지 남태평양 군도라든지 다시 가기 힘든 곳을 목적지로 하는 것도 의미가 있을 것입니다. 미국, 유럽, 중국, 일본, 동남아 등은 앞으로 언제든 갈 수 있으니까 다음으로 미루세요. 아무튼 지금부터는 부부가 여행을 많이 다니십시오. Bon Voyage.

아직 더 일해야 한다

그렇지만 공직의 정년은 60세입니다. 만 60세면 아직 육체적으로나 지능적으로나 가용연수가 많이 남았습니다. 아주 빠른 속도로 고령화되는 추세에 최소 5년은 넉넉히 전성기 페이스로 일할 수 있습니다. 일을 안 하면 세상 걱정, 가족 걱정 등이 많아져 금세 쇠약해집니다. 얼굴 표정은 늘 찡그려지고 주위 모든 것이 불만이고 참견하고 싶지만 귀 기울여 들어주지도 않습니다. 그래서 일을 해야 됩니다. 성숙한 경험, 경륜, 통찰력이 갈등 많은 이 국가에 아직 필요하기도 합니다.

제일 큰 행운은 소속되었던 공공의 직장에서 마련해주는 공공성 있는 일자리를 얻는 것입니다. 경험도 활용되고 일이나 삶도 안정될 수 있습니다. 로또를 맞은 것이나 다름없습니다. 후배들이 현직에서의 좋은 평판과 능력을 믿어서 일의 계속성과 효율성을 위해 추천하는 것이므로 명분도 있습니다. 공공 부문 주변에는 이런 일자리들이 좀 있긴 하지만 매년 퇴직하는 사람 수에 비하면 턱없이 부족합니다. 또 대부분 중간 간부 이상의 직위에서 퇴직한 분들의 차지가 되는 것이 현실입니다.

다음은 민간 부문에서 적당한 일자리를 찾는 길인데 공직자들에게는 여러 가지 제약이 있습니다. 공무원이나 공기업 등 공공 분야의 고위직들은 공직자 윤리법에 따라 일정 기간 연관 분야 취업이 엄격히 제한되고 심사에 의해 제한적으로 허용됩니다. 민간 분야에서 60세가 넘는 고령의 공직 졸업자들을 원하는 경우는 대체로 기술 분야의 전문성 또는 전 소속기관과의 네트워크 때문입니다. 나는 이 길도 '인생 시즌2'를 개척한다는 각오로 기회를 만들어서라도 한번 도전해볼 만하다고 생각합니다. 왜냐하면 이제는 기업의 공공윤리, 사회적 책임 등이 강조되는 시대이고 이런 면에서 잘못하면 시장도 잃을 수 있고 정부의 규제도 심해지기 때문입니다. 민간기업 종사자들이 단기적 수익성만 따질 때, 기업의 자문역 같은 걸 찾아서 좀 더 균형되고 폭넓은 식견을 제공하며 기업의 지속가능성을 열어주면 그들에게 당당한 역할자가 될 것입니다.

특히 ESG 분야의 경우, 공직 퇴직자들이 자문할 영역이 넓습니다. 다만 기업에서 전 소속기관의 인허가 사항이나 지원 사항에 대해 요구해 올 때는 결코 도를 넘어서는 안 됩니다. 그것은 소위 '김영란법부정청탁 및 금품 등 수수 금지에 관한 법률'에 따라 처벌을 받을 수도 있기 때문입니다. 아무튼 나는 퇴직 공직자들의 역량이 민간 부문에서 더 많이 활용되기를 바라고, 이런 일자리를 적극적으로 찾아 새로운 도전을 할 용기를 갖기를 권합니다.

그다음은 스스로 창업을 해보는 것입니다. 유혹도 있을 수 있고 위험 부담도 따를 수 있습니다. 특히 순진한 공직자들의 퇴직금을 노리는 달콤하고 그럴 듯한 사기성 유혹에 넘어가서는 안 됩니다. 우리나라에서 창업자 수와 폐업자 수가 제일 많은 직종이 치킨 집과 화장품 대리점이라고 합니다. 모두 프랜차이즈 업종입니다. 그만큼 위험 부담이 적고 길목만 좋으면 장사도 잘될 수 있습니다. 그런데 너무 많습니다. 그래서 폐업자 수가 그렇게 많은 것입니다. 요즘은 고향에 소유한 산지 등을 활용해 태양광 발전 사업도 많이 합니다. 한때 확실한 판매처가 있고 수익성도 연금보다 낫다고 소문이 나 많은 퇴직자들이 투자를 했습니다. 그래서 난립 현상, 환경 파괴 등의 사회적 문제가 생겨 재생 에너지에 대한 보조금도 많이 줄었습니다.

투자를 해 자기 사업장을 갖는 것을 말리고 싶은 생각은 없습니다.

그렇지만 소규모로 시작하고 투자 결정은 꼭 배우자와 상의해서 내리기 바랍니다. 퇴직금 지분의 반 이상은 어려운 공직자 생활을 할 때 묵묵히 내조를 해온 배우자의 것이고, 또 이런 상황에서 기대수익과 위험 부담을 냉철하게 잘 따질 사람은 배우자이기 때문입니다.

다음은 자격증을 갖는 것입니다. 부동산중개사를 제일 많이 시도하는 것 같습니다. 기타 공공 분야에 일하면서 비교적 잘 아는 분야의 전문 자격증, 즉 안전, 보건, 위생, 건설, 환경, 복지, 요양, 특허, 소송 행정절차, 관광, 세무 등에서 자격을 요하는 분야가 많습니다. 이런 자격증을 한두 개 따두면 이에 따른 안정된 수입도 어느 정도 기대할 수 있겠습니다.

그러나 더 소중한 것은 성취감입니다. 자격증은 취득하기도 어렵지만, 취득한 후 시장에 진입할 때 기득권자들의 텃세도 만만치 않습니다. 그래도 노력해보십시오. 자격증의 시대입니다. 퇴직 5년 전부터 공을 들여야 할 듯합니다.

내가 산업자원부에서 근무할 때 가까웠던 선배 국장님 중 한 분이 퇴직하신 후 요양사 자격증을 따서 요양사 일을 하셨습니다. 참 보기 좋았습니다. 본인도 보람을 느끼고 만족해하며 일하셨습니다.

마지막으로 봉사직입니다. 물론 자원봉사직이기 때문에 소득이 없거나 나온다 해도 교통비 정도입니다. 그래도 특별한 다른 기회가 마땅치 않으면 산에만 다니지 말고 한 번쯤 참여해보길 권장합니다. 특히 요즘은 단기 일자리 지원 차원에서 봉사 겸 일정 소득을 마련해주기 위해, 정부나 지방자치단체가 만든 일자리가 많습니다. 앞으로 더 늘어날 가능성도 큽니다. 일에 귀천이 어디 있습니까. 놀면 뭐합니까. 또 보람도 있습니다.

이상과 같이 여러 가지 길이 있겠습니다만 보호된 울타리 속에서 일하던 공직 퇴직자들에게 편하고 안전하고 벌이도 괜찮고 위신도 사는 일자리가 그렇게 쉽게 찾아지지는 않을 것입니다. 또 노인들이 일자리를 다 차지하면 새로 취업을 하려는 세대의 기회를 빼앗은 문제도 있습니다. 제일 자제해야 할 것은 욕심입니다. 살금살금 일하면서 스트레스는 받지 말고 사십시오.

부담 안 주고 가끔 밥 사주는 착한 선배

공직의 후배들, 선배가 부른다고 무조건 오지 않습니다. '내가 현직에 있을 때는 쏜살같이 오더니 이제 나는 이런 취급 받는구나' 하는 좌절감과 심지어 배신감까지 왕왕 드는 경우도 생깁니다.

공공기관에서는 불문율 같은 것 중 하나가 "선배를 조심하라"는 말이었습니다. 강화된 공직자 윤리법이나 청탁 금지법 등이 근본 원인이었고, OB선배들의 간곡한 부탁 때문에 사고가 생기는 경우가 종종 있었기 때문입니다. 선배는 후배의 입장을 존중하고 부담을 주지 말아야 존중받습니다. 바쁜 후배 불러내서 "나 때는…"과 같은 말이나 장황하게 늘어놓고 끝날 때쯤 슬며시 메모지 하나 주면서 부담스러운 청탁을 하면 그 후배는 다음에 선배 만나기를 매우 꺼려하게 됩니다. 사람 사는 세상에 '가벼운 부탁' 정도는 할 수도 있습니다. 그래도 "만일 당신에게 조금이라도 부담이 되거나 누가 될 경우에는 절대로 하지 말아요"라고 말해줍시다. 그들이 받아들일 수 없는 상황이 되더라도 미안하게 생각하지 않도록 이런 배려는 꼭 필요합니다.

사실 요즘은 공무원이나 공공기관의 후배 직원들, 외부 회식도 예전 같지 않습니다. 모든 것이 투명해진 이유도 있지만, 기관이 세종시나 혁신도시 등 지방으로 이전했기 때문입니다. 지방까지 내려가야 해서, 밥 한 끼 사는 사람도 큰마음을 써야 하는 것입니다. 개인주의, 언택트 사회, 애프터 코로나 시대, 워라밸 등의 문화가 공직사회에 점차 자리 잡으면서 퇴근 후 회식보다는 체력단련이나 취미생활 등에 시간을 보내는 걸 더 원하는 사람들도 있습니다. 그래도 평소 존경하던 선배가 지방에 내려가 "힘들지?" 하며 격려도 해주고 따뜻한 밥 한 끼 사는 것, 후배들 내심 바라고 있습니다.

모두들 공직사회의 아름다운 선후배 관계입니다. 퇴직 선배들도 잘 아시겠지만 공공 분야의 직원들은 민간 분야와 달리 팀 회식할 법인카드도 없습니다. 스폰서 동반하지 말고 혼자 가서 후배들 가끔 밥도 사주고 그들 이야기도 들어주고 상담도 해주는 좋은 선배가 되시기 바랍니다. 어쨌든 후배들 밥 한 끼 살 정도의 형편들은 되니까요.

함께할 사람이 필요하다

아마 대부분의 공직자들이 현직의 일에 몰두할 때는 취미활동도 제대로 못하고 친구 관계도 소홀히 할 수밖에 없었을 것입니다. 퇴직 후에도 특별한 취미활동도 없고, 또 동창들 모임에 가서도 어색하고 서먹서먹할 수 있습니다. 은퇴 후에도 최소 20년은 더 인간관계를 하며 살아야 하는데 혼자서 취미활동을 하자니 심심하고 그러다 보니 한두 번 하다가 중단하는 게 다반사입니다. 그림이나 서예도 해보고, 등산, 낚시, 헬스도 해보고 또 야구 구경도 다녀옵니다. 악기도 배워봅니다. 그러나 꼭 동반자 혹은 동호인 클럽을 통해 같이하십시오. '나 홀로 산악회', 하나도 고고해 보이지 않습니다.

내가 존경하던 고위공직자 한 분은 정말 청렴의 대명사 같은 분이었고, 후배를 포함해 남의 신세지는 것을 극렬히 싫어했습니다. 원래 등산을 좋아해서 프로 산악인 수준이었고, 방방곡곡 사람의 손길이 닿지 않는 외진 산속을 다니는 것을 취미로 삼았습니다. 나중에는 등산 중에 이런저런 세상의 연락이 오는 것도 싫어져 혼자만의 사색의 시간을 갖고자 휴대전화도 안 가지고 다니셨습니다. 그래서 한번은 낙상사고로 위험에 빠진 적도 있고 결국은 치매가 빨리 와서 현재 요양원에 계시다 합니다. 술, 담배도 평생 안 한 분입니다. 현직에 계시는 동안 후배들에게 평생 간직해야 될 소중한 말씀을 많이 해줬는데 지금은 어디 계신지도 모르고 너무 슬픕니다.

동호인들과 있어야지 대화를 통해 세상 돌아가는 이야기도 듣고, 또 그들이 출석 체크도 하기 때문에 억지로라도 나가 사회 속에 섞입니다. 이는 가정에서도 활력소가 될 것입니다. 친구 관계도 마찬가지입니다. 지금까지는 "그 친구는 워낙 바빠서", "중요한 일을 하니까"라고 이해해주던 친구들이 이제는 더 이상 봐주지 않습니다. 퇴직 초기에 친구들 모임에 복귀하지 못하면 점차 쑥스러워져서 갈수록 잊히는 사람이 될 것입니다. 특히 동창은 변치 않고 따지지도 않고 차별 없이 끝까지 갈 관계입니다. 회비 꼬박꼬박 내고, 적극적으로 참여하길 바랍니다. 어느 공직자는 퇴직 후 등산 동호회에 가입해 적극적으로 활동하며 궂은 일 하는 총무 역할을 자청했다 합니다. 친구들 뒷바라지 해가며 등산 출발지까지 따라갔다가 바로 하산 지점으로 가서 점심을 먹을 수 있는 식당 예약 등의 일도 도맡아 했답니다. 친구들이 고맙고 미안하게 생각했답니다. 그런데 몇 년 후 친구들은 다 무릎에 병이 생겼는데 이 사람만 건강했다는 유머 같은 이야기도 있습니다.

단체 카톡방에도 열심히 응답하십시오. 친구들이 올려주는 글들 중 건강이나 노인의 지혜 등 참 좋은 글과 영상이 많습니다. 경조사에도 빠짐없이 다니고 특히 코로나19 중이지만 조사에는 잠깐이라도 상가에 들러서 조문하시기 바랍니다. 친구들과 취미활동도 같이하고 동부인 여행도 하고 또 가끔 주머니도 열어서 밥도 사주시기를 바랍니다. 나이 들수록 혼자 집에서 시간을 보내면 어부인으로부터 천덕꾸러기 대접을 받습니다. 친구들 모임에 빠지지도 말고 삐지지도 맙시다.

"

그래도 못다 한
공직자들의 말 말 말

퇴직자 A씨

누가 뭐래도 우리는 후회 없습니다.

다만 아직도 정정하니 있던 직장에서 비정규직이라도 2~3년 더 기여하면 좋겠지만,

젊은이들 일자리 빼앗을 것 같아서 말도 못 꺼냅니다.

세상이 우리에게 박하게 평을 하고 억울한 점도 있지만,

제발 후배 공직자들에게 애정을 좀 가져주셨으면 좋겠네요.

기관장 B씨

제발 여기저기 부르지 좀 말아라.

오고 가면서 하루 종일 시간 보내는데, 가서 발언한 시간은 1분도 안 됩니다.

특히 정치 쪽에서 우리 공직자를 속죄양 또는 하수인 취급 안 했으면 좋겠습니다.

15년 차 중참 C씨

위아래 문화 차이 때문에 너무 힘들어요.

우리같이 낀 세대 이해 좀 해줬으면 좋겠습니다.

노력 보상도 필요 없고, 능력 개발할 기회 좀 주었으면 합니다.

"

"

C씨의 부인 D씨

많이도 아니고 월급을 조금만 올려줬으면 더 원이 없겠어요.
열심히 일해 성과를 내면 성과급 정도는 기대해도 되는 것 아닌가요?
퇴직 후의 배려는 바라지도 않아요.
먹고는 살겠는데 아이들 사교육비가 감당이 안 돼요.

5년 차 여직원 E씨

공기업 등 공공 부문 승진에서 여성 가점 좀 주셨으면 좋겠어요.
출산, 육아 등이 너무 힘들어요. 이런 것들이 좀 고려가 되었으면….
여성 간부는 눈 씻고 봐도 거의 없습니다.

신입사원 F씨

선배, 상사님들, 공직 부적합 인종이라고 우리 기 좀 꺾지 말고,
제발 우리를 외계인처럼 보지 마세요. 우리도 애국심 있고 애사심도 강합니다.
그리고 우리의 워라밸 문화도 존중해주시고요.

예비 공직자 취준생 G씨

그냥 많이만 뽑아주세요. 요새 같은 취업 보릿고개에 믿을 데는
공공 부문밖에 없어요. 무슨 일이든 열심히 할게요.

저자(조환익)

모두들 어려운 시기에 힘내세요. God Bless you.

"

이종재   퇴직을 앞둔 공직자들에게는 공감을 불러일으키는 말씀을, 공직을 희망
하는 젊은 후배들에게는 공직생활의 보람에 대해 정리해주셨는데 이 대
목에서 공직생활과 골프 얘기를 안 할 수 없겠지요? 공직자들의 골프는
사실 많은 평가와 의견이 있지요. 자기 돈으로 골프하는 사람이 몇이나
있으며, 골프장에서 주로 접대가 이뤄진다는 등의 말들이 많습니다.

그런 일들이 있기는 했지만 물론 과거의 이야기이고 공직에 있는 사람들
이 골프를 맘껏 할 수 없는 분위기는 30년 전이나 지금이나 크게 변한
게 없습니다. 알게 모르게 골프에 대해 여전히 제약이 많지요. 골프 때문
에 공직생활 모양 사납게 마치는 경우도 여전하구요. 제가 아는 친구는
공직생활할 때 골프 백에 다른 사람 이름을 써가지고 다녔어요. 퇴직한
후에야 본인 이름 쓰인 백을 들고 나오더라고요. 제가 축하한다고 이야
기했어요. 공직과 골프 어떻게 봐야 합니까?

조환익   골프 이야기는 별로 하고 싶지 않아요. 사실 골프는 정서적으로 공직과
안 맞는 운동 맞아요. 그렇다고 공직자가 골프를 한다고 매도하는 건 아
니라고 봐요. YS 정부 때, YS가 골프하다가 넘어진 일이 있잖아요. 그 후
청와대에서 공직자 골프 금지령을 내렸지요. 심지어 제가 아는 어느 공
기업 사장은 허용하던 시절에도 골프를 금했습니다. 그런데 어떤 간부가
골프를 하다가 들통이 났어요. "너 누가 봤다는데 골프 쳤지?" 하고 물었
더니 "아닙니다" 했다가 잘렸습니다. 부하직원이라도 가족이 딸려 있는
데 너무 무례한 거지요.

이런 게 가장 대표적인 사례이고, 심할 때는 공직에 있는 사람들은 부부
가 함께 자기 돈으로 해외여행도 못 갔어요. 아주 최근에 풀렸지요. 정부
기관에서 공직자가 호화 여행을 한다고 막고…. 이런 편견들은 없어져야
해요. 대부분의 사람들은 그게 관성이 되어 퇴직 후 골프를 할 때도 불편

함이 있습니다. 공직자들은 요즘 같은 코로나 시대에는 절대 안 쳐요. 어떤 공단에 있는 사람이 코로나19 확진을 받았대요. 그런데 이 사람이 동선을 이야기할 때 골프장 동선은 숨긴 거예요. 분명 접대를 받았겠지요. 그러니까 숨겼겠죠. 숨겨도 10분 만에 다 나오잖아요. 그래서 잘렸대요. 징계는 받아야겠지만 해고까지는 좀….

🧑 이종재   워라밸과 연장선상으로 드리는 말씀인데, 골프라는 운동이 돈이 많이 들어가잖아요. 공무원 봉급으로는 골프를 맘껏 할 수가 없지요. 그래서 하지 말아야 한다는 생각을 할 수 있지만 요즘 젊은 사람들 분위기로는 어떻게든 기회가 주어지면 하지 못할 이유가 없다고 봐요.

🧑 조환익   골프 이야기 그만하자니까요. 그런 면에서는 아주 경직돼 있죠. 나는 공직생활을 하는 동안에는 많이 절제할 수밖에 없다고 생각해요. 대신 과거처럼 '월화수목금금금' 이건 없어져야 해요. 골프를 못한다 해도 저녁 때 가족과 함께 저녁은 먹을 수 있죠. 옛날에는 하지 못했거든요. 이제는 그런 여유도 있고, 골프 말고도 레크리에이션은 많잖아요. 영화를 본다든지, 음악회를 간다든지. 골프 문제는 참 어려워요. 골프를 가장 편하게 했을 때는 오히려 노무현 정부였어요. 노무현 대통령도 골프를 하러 다니셨으니까요. 위에서 공직자들에게 최소한 그런 덫은 씌우지 않으면 좋겠어요.

🧑 이종재   사회 통념상 절제하는 삶이 필요하다는 말씀으로 들립니다. 하지만 정부가 공직자들에게 심한 덫은 씌우지 않으면 좋겠다는 말씀이시고요. 그런데 요즘 젊은 후배들 인식은 사장님 세대와는 다릅니다.
한 분석보고서가 이 대목에서 얘기될 수 있겠네요. 연령대별로 몸에 체

득된 국민소득이 다 다르다는 겁니다. 60대는 1만 달러 이하의 못살던 시대의 DNA가 있고, 현재 젊은이들은 2만 달러 이상의 국민소득 수준에 맞는 사고방식을 가지고 산다는 거지요. 60대가 태어날 때 우리나라 1인당 국민소득은 100달러도 안됐습니다. 나이 60이 되어 3만 달러 시대를 맞이했는데 이를 전 생애 평균으로 나누면 2019년 기준 60세의 체감 국민소득은 9,100달러이고 50세는 1만 800달러랍니다. 그리고 한참 아래 세대인 20세는 2만 900달러라는 상공회의소 분석이 있습니다. 과거 세대들은 너무 가난했기에 척박한 환경에서 모든 걸 참고 자원을 확보하는 게 가장 큰 미덕이었죠. 그런데 현재 세대들은 거꾸로 그런 방식이 사회적 규칙을 깨는 행위로 발전되기 쉽다고 보는 것이지요. 생존 방식이 다른 겁니다. 골프에 대한 인식 역시 그렇겠지요. 그들의 사고방식으로는 안 치지는 않을 거라고 봐요.

조환익 세대마다 소득에 대한 인식 차이가 있다는 말씀은 맞습니다. 개발연도 세대들은 지금까지도 여전히 헝그리 마인드 세대입니다. 아마 영원히 더 열심히 일해야 진정한 선진국에 들어갈 수 있다는 생각을 할 것입니다. 그리고 지금까지 자신들이 치열하게 쌓아온 것들로 이룬 것이라 확신하겠지요. 그래서 그들은 시대 변화를 받아들이지 않는다는 꼰대 소리를 듣는 겁니다.

그런데 핵심은 그게 아닙니다. 현재 취업이 어렵고 미래가 불안한 세대가 화가 나 있는 대상은 이들과 같은 국제시장 세대가 아니고 사회 각 부분을 장악하고 있는 소위 386, 586세대라고 생각합니다. 그들이 장기적으로 대한민국을 지배하고 있고, 초고령 사회가 되면 그들의 시대가 언제 끝날지 모른다는 것입니다. 취업에도 영향을 주고 의료, 복지, 연금 등은 청년들 앞에 놓인 큰 산이죠. 청년들의 분노는 이에 따른 좌절입니다. 노년 세대에 대해서는 어찌 보면 중립적인 감정을 가지고 있다고 생각합니다.

👤 이종재　공공 부문에 관심이 많은 후배들에게는 공공의 문을 여는 첫 단추가 무엇보다 중요한데 이를 위한 조언은 디테일할수록 좋다고 봅니다. 더구나 요즘의 공공 부문 채용에는 많은 변화가 있습니다. 인공지능(AI) 로봇이 면접관으로 나오고 화상 면접, 비대면 면접이 코로나19 이후 본격화되고 있습니다. 그동안 공공 부문 채용 비리에 대한 지적이 많아 아예 채용 전문회사에 일임하는 기관들도 많습니다. 공공 부문 취업시장 변화에 대비하려면 어떤 준비를 해야 할까요?

👤 조환익　최근 정부는 공공기관 서비스 제고와 산업 경쟁력 강화 등을 위해 2022년까지 6만 명 수준의 일자리를 창출하겠다고 발표했습니다. 2017년에는 9,000명이었고 2019년에는 3만 4,000명이었던 일자리를 2022년까지 누적 기준 6만 명까지 늘리겠다는 얘기지요. 특히 국민생활과 밀접한 공공 서비스, 안전 및 소재 부품 장비, 4차 산업혁명 대응, 중소기업 육성 등의 분야를 중심으로 충원한다고 합니다. 또 채용 비리 문제가 심각한 이슈로 대두되면서 채용 위탁 전문회사를 통한 채용도 늘어나고 있습니다. 앞으로 공정 채용을 강화하고 공공기관 갑질 해소 등을 정착해 나가겠다는 정부의 발표도 주목할 필요가 있습니다.

공공 부문은 취업의 문이 넓어지고 있습니다. 기대를 갖고 계속 문을 두드려주시기 바랍니다. 그리고 채용의 공정성 확보와, 행정 절차의 디지털화, 코로나19로 인한 비대면 사회 현상 등으로 인해 비대면 또는 AI 채용 절차가 매우 빠른 속도로 도입되고 있습니다. 비대면 면접 요령은 이미 본문에서 말씀드렸고, AI 채용 관련 교육기관도 많이 생겼으니 잘 활용해서 준비하시면 되겠습니다.

이종재 공직생활에 대한 이해를 돕기 위해 조금은 분명히 하고 넘어갈 점이 하나 있습니다. 바로 공무원의 급여 문제인데요. 저는 다른 의견을 갖고 있습니다. 흔히들 공공 부문의 연봉이 적다고 하는데 공공기관, 특히 금융 공기업의 경우 결코 적지 않습니다. 그리고 평생 개념으로 보면 재직 당시의 수령액은 적을 수 있으나 정년 후 받는 퇴직금과 연금을 감안하면 공공기관의 생애보수는 평균적인 일반 직장인보다 결코 적지 않다는 생각이 듭니다.

조환익 공공 부문 종사자의 연봉에 관해서는 이미 여러 번 언급했지만 생활하고 아이들 교육시키고 경조사 등 품위를 유지하고 또 간간이 여행과 취미생활을 할 정도의 수준은 됩니다. 오랜 기간 근무하면서 저축하면 괜찮은 아파트 한 채도 살 수 있다고 봐요. 다만 정부로부터 받는 복지 혜택은 그리 많지 않습니다. 그걸 잘 알고 분수껏 살려고 노력들을 하지요. 공공 부문 종사자들은 평생 공익적 활동과 기여를 하고 삽니다. 그들이 매우 과분한 대우를 받는다는 생각만 안 하시면 좋겠습니다. 퇴직 후 예우 같은 건 있으면 좋겠지만 기대 안 하고 삽니다. 국가에 많은 세금을 내는 기업에 근무하는 사람들이 봉급을 더 많이 타는 것은 당연합니다. 공공 부문과 민간 부문이 이런 부분에서 서로 존중해줬으면 좋겠습니다.

이종재 전선줄 보수하는 아버지에게 서프라이즈한 생일파티를 열어준 사례를 말씀해주셨는데 저도 매우 인상적이었습니다. 저는 장관직을 마지막으로 고향에 내려가 선현의 가르침을 이어가는 연수원을 맡아 후진들과 대화를 나누고 계신 김 모 장관님과, 연금공단에서 정년퇴직한 후 연구소를 차려 국민들에게 연금 활용 교육을 하는 제 친구가 아주 좋은 마무리를 하고 있다는 생각이 듭니다. 또 귀촌, 귀향으로 제2의 인생을 살고 계신 분도 있고, 공직에서의 전문성을 살려 봉사를 하러 다니시는 분들도 적지 않습니다. 요즘 공공기관들은 퇴직을 앞둔 사람들에게 임금피크제 등의 형식으로 노후 준비를 지원하는 다양한 제도를 운영하고 있습니다. 이 기간에 AMP(Advanced Management Program, 최고경영자과정) 등을 통해 사회 각 분야와 다양한 네트워크도 형성하고 공부를 해 학위를 받는 분도 많습니다.

최소 5년 전부터 퇴직 후를 준비하라는 말씀에 전적으로 동의합니다. 60세 퇴직을 기준으로 보면 그 후 15년은 사회생활을 건강하게 할 수 있는 준비를 해야 한다고 봅니다. 공공 부문이나 민간 부문에서 퇴직하는 시니어들 모두의 과제죠. 또 이들 퇴직자들을 위한 정부와 공공기관 경영진의 역할이 매우 중요하다고 생각하는데, 어떤 정책들이 필요할까요? 저는 조 사장님처럼 공직생활 경험을 기록으로 남기려는 노력도 매우 의미 있는 작업 중 하나라고 생각합니다. 개인적으로는 어떤 마무리를 계획하고 계십니까?

조환익   사실 공무원을 바라보는 국민 정서도 있고 빠듯한 국가 재정으로 공무원, 공공기관, 공기업 등 임직원들 대상으로 퇴직 후 프로그램을 운영한다는 게 그리 쉬운 일이 아니지요. 아마 공공 부문 퇴직자들의 노후 준비에 관한 법률 같은 걸 발의하려는 움직임이라도 있으면 언론이나 시민단체로부터 몰매를 맞을걸요. 다만 소속기관에서 퇴직자들을 위해 5년 전부터 퇴직 이후 준비와 관련한 프로그램들을 마련해주면 좋겠지요. 공공 부문 노조가 앞으로 이와 관련해서 사용자 측에 요구를 하면 상생의 노사 협의 의제가 되지 않을까요? 내 경우 솔직히 퇴임식 날까지도 아무

준비를 할 수 없었어요. 한전 사장이 퇴임 후 준비를 사전에 한다는 건 불가능한 일이에요.

나는 강의를 많이 하기로 결심했습니다. 대학에도 적을 두고 학교, 단체, 기업 등을 다니면서 에너지, 기후변화와 기업 경영, 공인의 삶 등에 대해 얘기를 하겠습니다. 강의를 하려면 계속 공부도 해야 하는데 머리도 녹슬지 않고 그 시간이 참 좋아요. 많지는 않지만 강의료 소득도 조금 있고요. 그런데 요즘은 잘 아시겠지만 코로나19 때문에 대부분의 강의가 취소되어서 어려움을 겪고 있어요. 자영업자들 참 살기 힘든 시대입니다.

나가며

마지막 페이지를 끝내고 나니 이제 드디어 40년의 공직 시대를 졸업한 느낌입니다. 공무원, 공기업, 공공기관에 계시는 분, 또는 퇴직하신 분들, 그리고 공공 분야의 문을 새로이 두드리시는 분들의 마음속 이야기를 조금이라도 대변했으면 원이 없겠습니다.

억울하고 답답한 순간들도 많았고, 가족과 친구들에게 미안한 때도 적지 않았을 테고, 또 자랑스러운 일을 했어도 평가도 보상도 없었고 어디 가서 자기 자랑도 못했을 것입니다. 그래도 긍지를 갖고 살아온 모든 공인들에게 다소라도 위안이 되길 바랍니다.

무엇보다 지금도 바늘구멍 같은 공공 부문 취업의 문을 통과하기 위해 처절하게 노력하는 예비 공직자들에게 조금이라도 도움이 되는 길잡이가 되었으면 합니다.

이 이야기를 풀어나가는 과정에서 아무래도 제가 직접 몸을 담았던 산업자원부나 한국전력공사, KOTRA 등의 사례가 많이 언급이 된 점 양해해주시기 바랍니다.

부디 이 책이 국민들로부터 우리 공공의 삶을 희망하고, 또 이어나가는 모든 이들에게 애정을 더하게 하는 계기가 되면 고마울 따름이겠습니다.

이 책의 출판을 결심해주신 매경출판 서정희 대표님, 대화록을 통해 내용을 더 빛나게 해주신 한국일보 전 편집국장 이종재 대표님께 특별히 감사의 인사를 드립니다. 그리고 40년 공직생활을 묵묵히 내조해 이 책을 쓰는 데 도움을 준 아내 강민옥과 저술 과정에서 자료수집, 타이핑 작업, 원고 수정 등 힘든 노력을 해준 딸 조윤경, 그리고 역시 한몫 거들어준 손녀 조아정에게도 Thank you very much!!

공직의 문

초판 1쇄 발행 2020년 10월 15일
　3쇄 발행 2020년 11월 20일

지은이 조환익
펴낸이 서정희
펴낸곳 매경출판㈜
책임편집 고원상
마케팅 신영병 이진희 김예인

매경출판㈜
등　록 2003년 4월 24일(No. 2-3759)
주　소 (04557) 서울시 중구 충무로 2 (필동1가) 매일경제 별관 2층 매경출판㈜
홈페이지 www.mkbook.co.kr
전　화 02)2000-2632(기획편집) 02)2000-2636(마케팅) 02)2000-2606(구입 문의)
팩　스 02)2000-2609　**이메일** publish@mk.co.kr
인쇄·제본 ㈜M-print　031)8071-0961

ISBN 979-11-6484-179-0(03320)

이 도서의 국립중앙도서관 출판예정도서목록(CIP)은 서지정보유통지원시스템 홈페이지(http://seoji.nl.go.kr)와
국가자료종합목록 구축시스템(http://kolis-net.nl.go.kr)에서 이용하실 수 있습니다.
(CIP제어번호 : CIP2020040628)